Campezo, s/n - 28022 Madrid
Tel.: 913 009 100 - Fax: 913 009 118

Cócteles

RENÉ COURJOUX
Presidente fundador de la *Association des Barmen de France* de la región de Alsacia

Fotos: S.A.E.P. / J. L. SYREN

Versión española:
A. M. Penco de Toubes/Pablo Martí
Revisión: Marco Ruiz de la Calle

susaeta

DRY GIN

SUMARIO

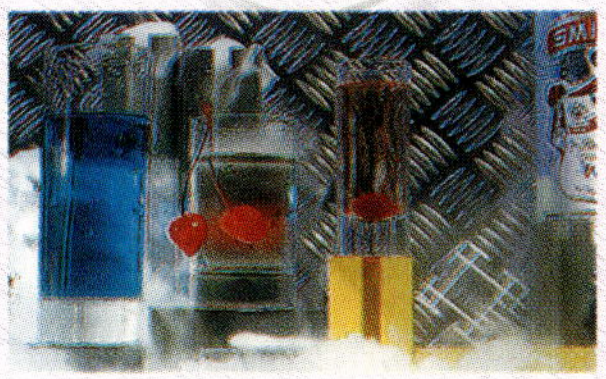

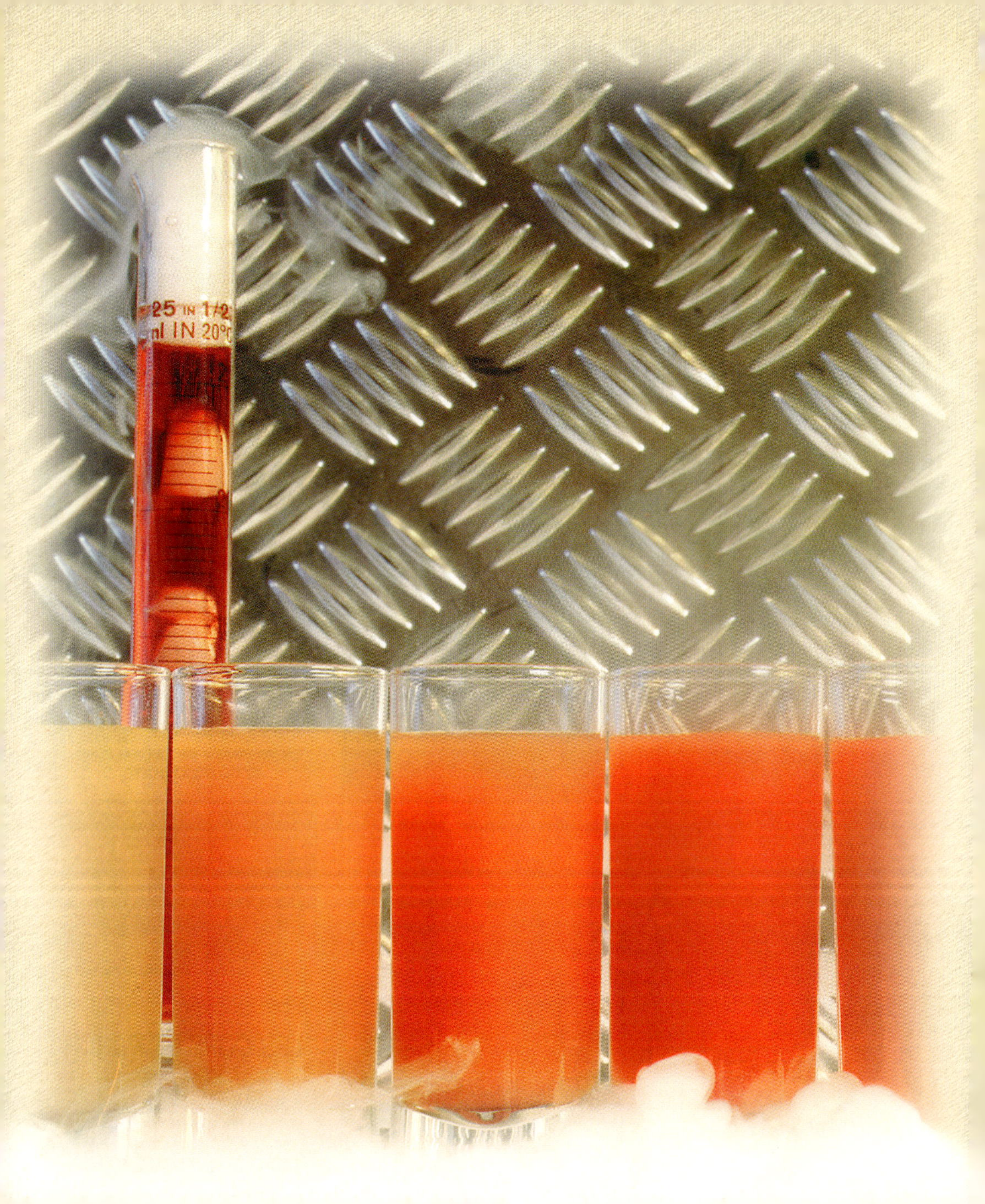
25 IN 1/2
IN 20°C

Presentamos en este volumen las casi mil y una fórmulas para preparar fantasiosos cócteles, al tiempo placer para la vista y regalo del paladar.

En aras de la comodidad del lector hemos simplificado el lenguaje, a veces misterioso, de esta verdadera alquimia contemporánea, maravilla de todos y secreto de muy pocos.

En las páginas que siguen se desvelan los secretos de la barra y se explican la composición, ingredientes, destrezas y técnicas de decoración de los cócteles, que hacen jubilosas las fiestas y placentera la soledad.

A través de ellas, el lector viajará a lugares de ensueño con el Tropical, el Bahía, el Hawaiian...; o a ambientes clásicos y selectos, con el Bloody Mary, el Sidecar, el Alexander...; o a parajes exóticos, con el Hechizo, el Xanthia o el Zombie.

Es éste, cómo no, un libro para disfrutar sin moderación.

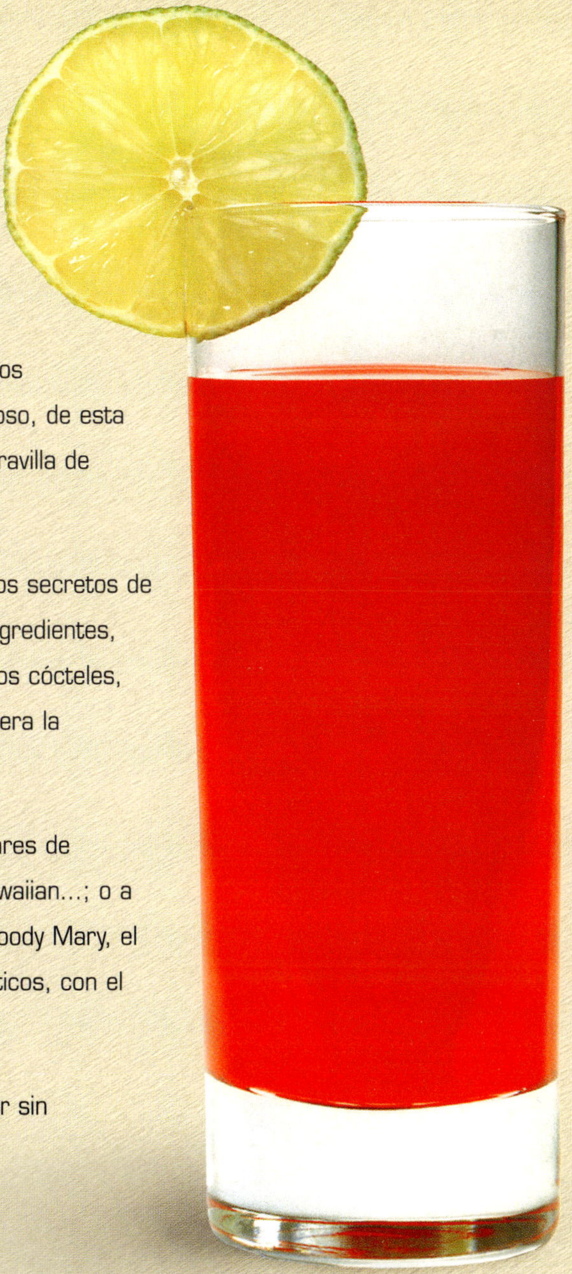

EL ORIGEN DE LA PALABRA *COCKTAIL*

Cuenta la leyenda que una tal miss Betty Flanagan, distinguida propietaria de «La vieja taberna» y vecina de Yorktown, inventó en 1779 un bebedizo que, bautizado como *Bracer*, expendía en una botella con forma de gallo. Sus clientes, soldados en su mayoría del marqués de Lafayette que combatían junto a los insurgentes norteamericanos, eran al parecer entusiastas de tan estimulante innovación. Poco familiarizados con la lengua inglesa, únicamente habrían retenido la expresión *cocktail* («cola de gallo»), llevando la idea y la palabra al regresar a su país.

Se dice también que Henri de Toulouse-Lautrec, el gran pintor, no sólo fue innovador de su arte, sino que se entregaba con fervor a audaces experimentos a base de mezclas de licores, cuyos resultados daba a probar a sus amistades en su estudio de Montmartre. Parece que combinaba de cualquier manera, llevado de su inspiración, lo que muy probablemente dejaría secuelas poco envidiables en el organismo de sus invitados.

¿Es verídica la historia que cuentan en Burdeos acerca de que un hijo de esa tierra creó el primer combinado y lo exportó a

Norteamérica, país que le dio nombre? ¿O es más cierta la versión según la cual la hija de un tabernero norteamericano perdió su gallo y ofreció como recompensa para el hallador un brebaje de su invención, bebida a la que llamó *cocktail* en honor al desaparecido volátil? ¿Se trata acaso de una voz del inglés popular del siglo XVIII, y significa «de cola erguida»? Como se ve, la etimología del vocablo en cuestión es tan oscura como evidente el éxito de lo que designa.

En cuanto a las primeras fórmulas de cócteles, parece que surgieron en la Inglaterra del siglo XIX durante la era de la reina Victoria, coincidiendo con el apogeo del Imperio Británico.

DISTILLED PURE LON
DRY GI
AND BOTTLED IN ENG
MARTINI & ROSSI

EL ARTE DE LA BARRA

EL BAR

Aunque la ciencia poco nos dice de ello, es más que probable que cuando nuestros antepasados abandonaron el nomadismo, creando los primeros asentamientos, a alguno de ellos se le ocurriera la brillante idea de dedicar su cabaña a expendeduría de bebidas. A través de los tiempos, esta importantísima institución ha sido, con uno u otro nombre, inseparable del desarrollo de cualesquiera civilizaciones.

El bar, en su moderna concepción, nació del humano afán de comodidad. El bar americano, *cocktail-bar* o coctelería es un lugar refinado, de sobria y elegante decoración, con la luz estudiada de manera que propicie un ambiente acogedor, tranquilo y relajante.

En tales bares buscamos, amén de la excelencia de sus bebidas, buen trato y ambiente agradable. La labor del buen barman consiste en hacerse con una clientela fiel a base de talento, tacto e intuición; debe saber adaptarse a las necesidades, deseos e incluso caprichos de los

clientes. Sin olvidar, claro está, el arte con las herramientas propias de su oficio.

EL BAR EN CASA

Vaya por delante que la coctelería no exige en absoluto tener en casa un bar completo, si bien siempre es recomendable.

Su instalación varía según la idiosincrasia de cada país. Así, en los Estados Unidos el bar es parte del mobiliario, mientras que para los ingleses tal costumbre resulta chocante y de mal gusto: prefieren guardar las botellas en un aparador.

Si se dispone de espacio, un bar casero permite tener las botellas en orden y trabajar cómodamente, sin andar de un lado para otro. En caso contrario, un aparador o un mueble bar cumplirán perfectamente dicho cometido. Es importante preservar las botellas de la luz, para evitar que se oxiden ciertos licores: en modo alguno les beneficia estar en exposición.

No hay que olvidar que se puede preparar una buena variedad de cócteles con un pequeño surtido de botellas bien seleccionadas y, sobre todo, de primera calidad.

VASOS Y COPAS

1 COPA ALTA DE CAVA

2 COPA BAJA DE CAVA

3 COPA DE FIZZ

4 VASO BAJO, U OLD-FASHIONED

5 TULIPA, O COPA PARA TRAGOS SOUR

6 COPA DE COÑAC

7 VASO ALTO, TUMBLER O HIGHBALL

8 JARRA RESISTENTE AL CALOR

9 COPA DE CÓCTEL

10 COPA REDONDA

11 PILSENER, O COPA DE CERVEZA

5
7
9
11
8
10
4
6

11
9
7
10
6
5
8

MATERIAL

Para la preparación y decoración de los cócteles hace falta disponer de ciertos elementos básicos.

Accesorios:

1. Coctelera.
2. Gusanillo pasador (colador).
3. Cucharilla mezcladora.
4. Cucharilla para hielo.
5. Cubo isotérmico para el hielo.
6. Exprimidor.
7. Vaso mezclador.
8. Pajitas.
9. Varillas agitadoras.
10. Palillos.

Productos:

1. Salsa Worcestershire.
2. Angostura.
3. Tabasco.
4. Clavos.
5. Sal fina.
6. Pimienta molida.
7. Nuez moscada y rallador.
8. Guindas.
9. Guindas en aguardiente.
10. Guindas al marrasquino.

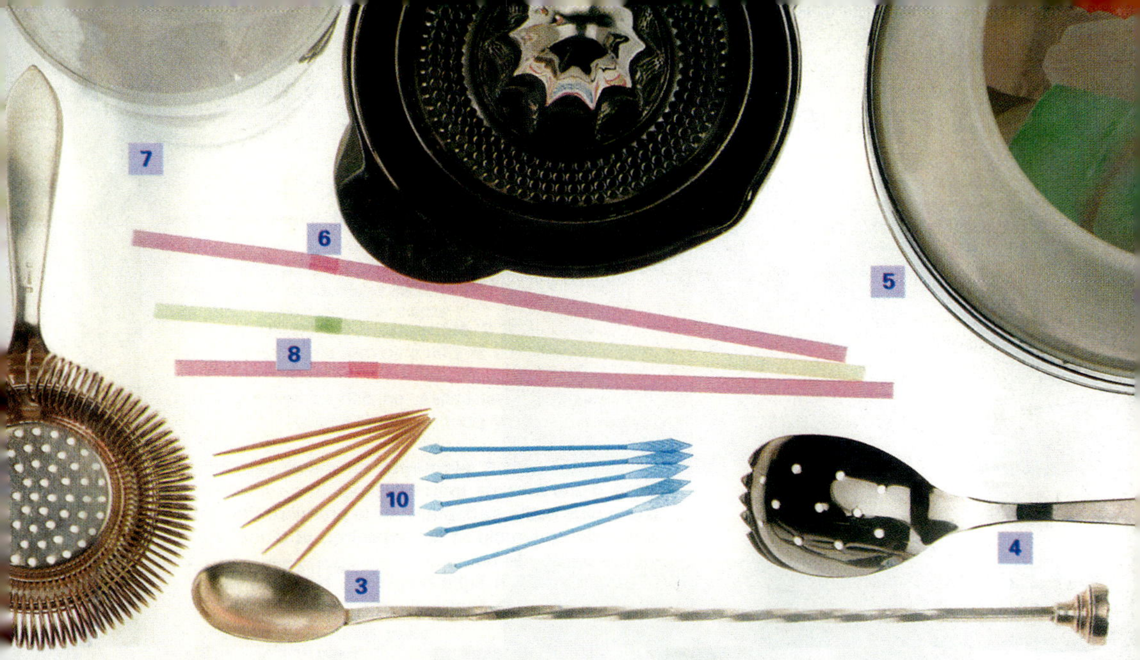
7
6
5
8
10
4
3

3
7
8
4
5
6
9
10
MADE IN U.S.A.
McILHENNY CO.
NEW IBERIA LA.
TABASCO
BRAND
PEPPER SAUCE

PREPARACIÓN DE LOS CÓCTELES

EN COCTELERA

Hay dos tipos de coctelera:

— La **coctelera de dos piezas**, o *Boston shaker*, formada por dos cubiletes de metal que ajustan uno sobre el otro.
El uso de esta coctelera requiere valerse del colador de coctelería, o gusanillo pasador, para llenar las copas.

— La **coctelera de tres piezas** está formada por un cubilete (o cuerpo), por otro más pequeño que se ajusta sobre el primero haciendo las veces de tapa y colador, y por un tercer elemento: el tapón.
Para servir no hay más que quitar el tapón y escanciar suavemente.

Los profesionales suelen preferir la coctelera de dos piezas, más hermética que la de tres.

OBSERVACIÓN

No son recomendables las cocteleras con cuerpo de vidrio, dada su fragilidad. No obstante, si se utiliza una de ese tipo hay que tener la precaución de lavarla siempre con agua fría: el vaso corre el peligro de agrietarse al experimentar un brusco cambio de temperatura.

1. Se prepara de antemano la decoración.

2. Se escarcha el vaso, cuando lo pide la fórmula.

3. Se apartan los ingredientes.

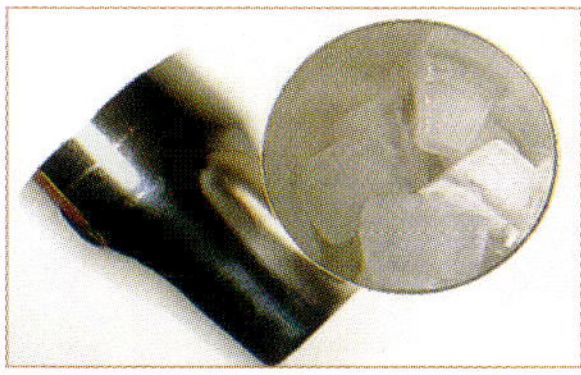

4. Se llena de hielo la coctelera hasta los 2/3 de su capacidad.

5. Se ponen los ingredientes en el cubilete menor.

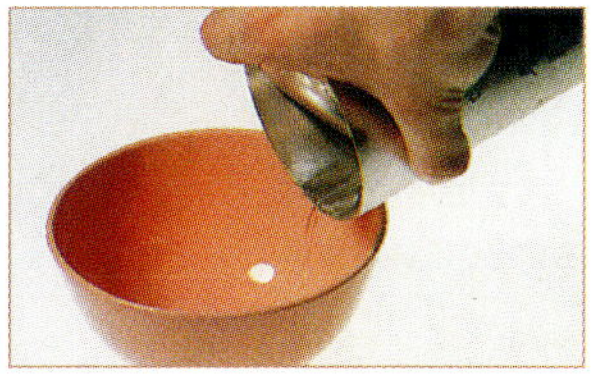

6. Se elimina el agua que ha soltado el hielo.

7. Se vierten los ingredientes sobre el hielo y se cierra herméticamente la coctelera.

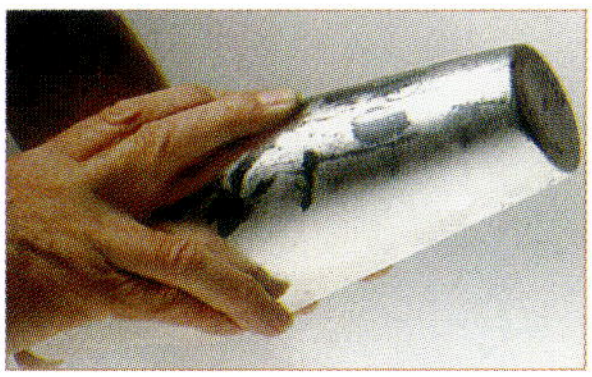

8. Se sacude enérgicamente (máximo, 10 segundos).

9. Se cuela, se sirve y se añade la decoración.

EN VASO MEZCLADOR

1. Se apartan los ingredientes.

2. Se llena de hielo el vaso hasta los 2/3 de su capacidad.

4. Se ponen los ingredientes en el orden que indica la fórmula.

5. Se agita con la cucharilla mezcladora, sujetando el colador.

6. Se cuela y se sirve.

OBSERVACIÓN

Agitar con la cucharilla mezcladora no quiere decir moverla en sentido circular dentro del vaso, sino hacerlo rápidamente de abajo arriba, evitando, por supuesto, que el hielo salte fuera.

DIRECTAMENTE EN LA COPA

1. Se llena de hielo hasta la mitad.

2. Se ponen los ingredientes en el orden que indica la fórmula.

3. Se agita con la cucharilla mezcladora.

4. Se añade la decoración.

EN BATIDORA

1. Se pone hielo picado hasta ⅓ de su capacidad.

2. Se ponen los ingredientes.

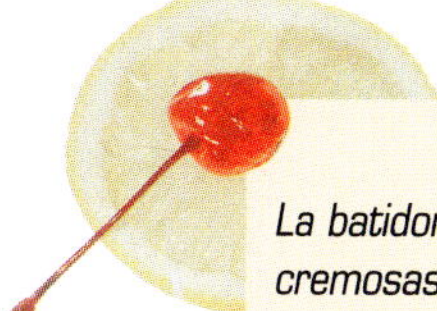

OBSERVACIONES

La batidora se usa para preparar mezclas cremosas o exóticas, que requieren cierta consistencia.

La fruta y la verdura deben ir siempre en dados pequeños.

3. Se bate varios segundos.

DECORACIÓN

El arte de la coctelería exige respetar ciertas reglas, entre las que figuran en primerísimo lugar las que se refieren a la presentación: un cóctel no se sirve como un vulgar vaso de agua.

Una vez escanciada la mezcla en la copa adecuada, se procede a su adorno, operación que se realiza principalmente a base de fruta o verdura. Aunque para muchos cócteles sugiramos una decoración específica, es en primer lugar la fantasía del barman lo que decide.

La fruta fresca puede sustituirse por conservas, siempre que sean de calidad. El tipo de copa que se vaya a emplear, el color del cóctel y sus ingredientes darán en cualquier caso la pauta. No hay que olvidar que los cócteles una vez preparados, se beben rápidamente para evitar que se agüen. Es, por tanto, recomendable disponer la decoración de antemano.

ESPIRALES

1. Se corta una fina tira de piel con un acanalador.

2. Se corta una rodaja sin separar la tira y se pone en el borde de la copa.

CORTEZAS

1. Se quita la piel de una naranja o un limón con un pelapatatas o un cuchillo afilado procurando no cortar la parte blanca.

2. Para algunos cócteles, como el Pimm's nº 1 (derecha), se hace lo mismo, pero con un pepino.

MODO DE PELAR LA FRUTA

1. Se separan los cascos.

2. Se apoya en la mesa y se pela, eliminando totalmente la piel.

3. Se separan los gajos.

ESCARCHADO

Se humedece el borde de la copa con zumo de limón, jarabe o algún licor coloreado (pisang, curaçao...).

Se pasa por un plato con azúcar, o con sal en algunos casos.

El procedimiento es el mismo para escarchar media copa. Basta con inclinarla ligeramente.

Para escarchar de cacao, café o coco rallado se sustituye el jarabe por clara de huevo.

VIRUTAS DE CHOCOLATE

Se raspa la tableta de chocolate, bien fría, con un pelapatatas o un cuchillo afilado. Si se preparan con antelación, conviene guardarlas en el frigorífico envueltas en papel de aluminio.

OBSERVACIÓN

Las virutas de chocolate se venden preparadas en tiendas de alimentación y pastelerías.

ESPOLVOREADO

(Con cacao, chocolate o fruta)

PREPARACIÓN DE FRUTA Y VERDURA

Rodajas:
Se cortan de unos 5 mm de grueso. Pueden ser medias o enteras.

Gajos de piña:
Se corta la piña en rodajas, y éstas en cuartos; cuando lo pide la fórmula, llevan guindas pinchadas.

Fresas:
Para que queden más originales se pasan por azúcar, enteras o partidas al centro.

Brochetas:
Se preparan con fruta o verdura. Es importante que guarden cierta armonía con el sabor y color del cóctel.

HIELO DE FANTASÍA

(De color, con flores, fruta...)

Se obtienen resultados muy vistosos poniendo en las cubiteras trozos de fruta, o unas gotas de jarabe, antes de meterlas en el congelador.

DEGRADADOS

Se llena de hielo el vaso a medias, se escancia el cóctel y se completa con un golpe de jarabe. Las posibilidades cromáticas son infinitas.

CAPAS

Se ponen los licores en el orden que indica la fórmula, dejando que se deslicen suavemente por el mango de la cucharilla y sobre las paredes de la copa.

PERO USTED, ¿de qué me habla?

GLOSARIO

After-dinners:
Combinados digestivos que se suelen servir después de las comidas.

Aguardientes de fruta:
O aguardientes blancos. Se obtienen por destilación del zumo fermentado de algunas frutas: frambuesa, cereza, ciruela, pera Williams...

Almendras (leche de):
Se obtiene mediante la maceración de almendra molida en agua, aromatizada con flores de azahar y endulzada.

Almíbar:
Solución de azúcar, generalmente de caña. Una cucharadita de almíbar equivale a aproximadamente 3 g de azúcar.

Amaretto:
Licor italiano de almendras amargas. Su equivalente sin alcohol es la leche de almendras.

Amargo
Licor aperitivo aromatizado con quina, genciana y esencia de naranja.

Angostura:
Originario de Trinidad, es un bíter de color castaño que se elabora con piel de naranja y sustancias amargas y aromáticas. Tiene 44° y se emplea mucho en coctelería.

Anís:
Licor elaborado a partir de semillas de anís verde o anís estrellado.

Anisetes:
Licores obtenidos por destilación de anís verde; contienen 250 g de azúcar por litro.

Aperitivo:
Bebida que se toma antes de comer para abrir el apetito. Suele ser amargo.

Apricot brandy:
Licor obtenido por maceración de albaricoques en alcohol.

Aquavit:
Licor aromatizado del norte de Europa; se obtiene por destilación de cereales o patata.

Arak:
Licor anisado del Asia Central.

Armañac:
Aguardiente francés de vino elaborado con cepas de Gers, las Landas, el Lot y el Garona.

Banyuls:
Vino licoroso que se produce en Banyuls, en la costa mediterránea francesa.

Bénédictine:

Licor elaborado según una vieja fórmula de los monjes benedictinos. En su composición participan numerosas hierbas y aromatizantes.

Bíter

Nombre genérico de las bebidas aromáticas con sabor amargo. Los hay aperitivos (Amer Picon Campari, Fernet Brança...) y concentrados (angostura, Underberg...).

Borovicka:

Especie de ginebra originaria de Europa del Este (40°).

Bourbon:

Whisky norteamericano que se produce en Kentucky, Pensilvania y Virginia. Se elabora a partir de cereales malteados, principalmente maíz, cebada y centeno.

Byrrh:

Aperitivo a base de vino tinto, aromatizado con quina y piel de naranja.

Cacao (crema o licor de):

Licor elaborado por destilación de granos de cacao torrefactados. Tiene de 25° a 30°, y puede ser moreno o incoloro.

Café (crema o licor de):

Licor elaborado por destilación de granos de café torrefactados.

Calvados:

Aguardiente obtenido por destilación de la sidra, originario de la comarca francesa del mismo nombre (en Normandía).

Campari:

Bíter italiano de color rojo intenso. Es indispensable para la preparación de cócteles como el Americano o el Negroni.

Cassis:

Licor francés destilado de grosellas negras. El más afamado es el de Dijon.

Cinzano:

Marca de vermut italiano.

Cobbler:

Se llama así a los cócteles que se sirven en vaso alto, con hielo y fruta de estación.

Cóctel:

Nombre genérico que reciben los combinados alcohólicos, aunque también los hay sin alcohol.

Coctelera:

Receptáculo de metal o vidrio que sirve para mezclar licores. Hay dos tipos de coctelera: la de dos piezas *(Boston shaker)* y la de de tres piezas.

Coffee:

Combinados a base de café.

Cognac (o coñac):
Aguardiente originario de la región francesa del mismo nombre. Se obtiene por doble destilación de vinos blancos procedentes de cepas ugni blanc, folle blanche o colombard. Los ingleses lo llaman *brandy*.

Cointreau:
Licor obtenido por destilación de piel de naranjas amargas. Pertenece a la familia de los triple secos.

Colar:
Escanciar el cóctel, reteniendo el hielo mediante el colador (también llamado gusanillo pasador).

Cordial:
Sinónimo de licor en Estados Unidos. En Europa se emplea para designar los licores afrutados.

Cream sherry:
La variante más suave del jerez.

Crema:
Licor que contiene más de 400 g de azúcar por litro. No debe confundirse con la nata que llevan ciertos licores (licores a la crema).

Cup:
Cóctel que se prepara en un recipiente especial. Generalmente se le añade fruta de estación y hielo. Se sirve en diversas copas: de cava, de vino, vaso alto...

Curaçao:
Una de las islas del Caribe, productoras de las naranjas amargas que se utilizan en la elaboración de los triple secos (25°). En Holanda, es el nombre genérico que se da a los triples secos.

Cynar:
Aperitivo italiano a base de alcachofa. Se toma con hielo y soda.

Chartreuse:
Licor perfumado con hierbas y plantas originario de Voiron, en la región del Isère (Francia). Hay chartreuse verde (55°) y chartreuse amarillo (42°), más dulce.

Cherry:
O *cherry brandy*. Se elabora por maceración de cerezas en alcohol. Es un licor de origen danés y no debe confundirse con el *sherry*, nombre inglés del jerez.

Drambuie:
Licor escocés (40°) elaborado a base de whisky, miel de brezo y aromatizantes.

Egg-nog (o milk-shake):
Cóctel a base de huevo o leche.

Escarchar:
Operación consistente en pasar el borde de la copa por sal o azúcar.

Espirituosos:
Nombre genérico de las bebidas que contienen alcohol destilado.

Fernet Branca:
Bíter italiano (40°) elaborado a partir de plantas medicinales y raíces; está considerado como un verdadero elixir.

Fizz:
Trago largo que se prepara con zumo de limón, soda u otras bebidas gaseosas. Tiene virtudes depurativas.

Flip:
Cóctel a base de yema de huevo y vino (jerez u oporto).

Frappée:
Trago largo que se prepara con mucho hielo picado. En principio, se sirve como after-dinner.

Fresco:
Se dice de una bebida fría, pero no helada. Las botellas que se vayan a refrescar se pueden dejar unas horas en el frigorífico.

Frozen:
Cóctel helado que se puede preparar en batidora o en coctelera. Se sirve con hielo muy picado y se toma despacio, con pajita.

Galliano:
Licor italiano de hierbas aromatizado con vainilla; tiene un hermoso color amarillo pajizo.

Genever:
Ginebra holandesa. Se suele comercializar en botellas de barro. Antiguamente se llamaba *hollands*, por su origen, o *Schiedam*, por el famoso puerto holandés «de las mil destilerías» cercano a Rotterdam.

Ginebra:
Aguardiente de cereales (maíz, cebada o centeno) originario de los países anglosajones. Está perfumada con diferentes aromas naturales, principalmente enebro.

Grand Marnier:
Licor de naranja enriquecido con coñac (40°). Como la mayoría de los licores de esa familia, se obtiene a partir de la destilación de pieles de naranja.

Highball:
Trago largo con hielo y soda, agua natural, agua con gas, tónica, ginger ale, etc.

Highland malt:

Whisky de pura malta.

Irish cream:

Licor elaborado con nata y whisky irlandés, con el añadido de chocolate y aromatizantes.

Irish mist:

Licor de 40° que se elabora con whisky irlandés y miel de brezo.

Izarra:

Licor del país vasco francés, elaborado a partir de hierbas, plantas aromáticas y armañac. Hay izarra amarillo (40°), azucarado, e izarra verde (50°), más seco.

Jarabe:

Solución a base de fruta, o extractos, y azúcar. Los más usados en coctelería son la granadina, la leche de almendras y el almíbar.

Jerez:

Vino de la zona del mismo nombre, en la provincia de Cádiz, criado en barricas de roble por el método de solera. Lo hay de cuatro clases: fino, oloroso, dulce y amontillado. Los ingleses lo llaman *sherry*.

Julepe:

Cóctel muy refrescante, preparado con hielo picado y aromatizado con menta fresca o hierbabuena.

Kahlúa:

Licor de café de origen mexicano.

Korn:

Aguardiente de cereales (35° a 40°) típico del norte de Alemania.

Kummel:

Licor anisado (30° a 40°) del norte de Europa. Se obtiene por destilación y se aromatiza con alcaravea, comino e hinojo.

Licor:

Es el término genérico con que se designa a las bebidas alcohólicas no fermentadas que se obtienen mezclando alcohol (aguardiente o alcohol neutro), azúcar (o también almíbar o miel) y aromatizantes (fruta, plantas o esencias). Su graduación media es de 40°, pero los hay desde 16° a 60°. El azúcar los hace parecer menos fuertes de lo que son.

Madeira:

Vino portugués (20°) que se elabora en la isla del mismo nombre.

Mandarina (licor de):

De sabor dulce y agradable, se elabora macerando cortezas de mandarina en coñac. También es conocido por sus nombres comerciales: Mandarina Imperial, Mandarín...

Marrasquino:

Licor de 30° que se obtiene por destilación de cerezas amargas; es oriundo de Trieste (Italia).

Marsala:

Vino dulce de Sicilia.

Mezcal:

Aguardiente mexicano (40°), obtenido por destilación de la savia del agave.

Midori:

Licor japonés de color verde y sabor a melón.

Mistela:

Mosto de uva al que se añade alcohol para detener la fermentación.

Monnin (original triple Lime):

Licor obtenido por destilación de piel de limón y enriquecido con coñac.

Mosto:

Zumo de uva o manzana que aún no ha fermentado.

Noilly Prat:

Vermut francés muy seco (17°) de la región del Languedoc. El más conocido es el blanco, pero también lo hay rojo.

Old-fashioned:

Cóctel que se prepara en vaso bajo con un terrón de azúcar empapado en angostura; se añade soda o agua con gas, hielo picado y un licor a elegir.

On the rocks:

Cóctel que se prepara en vaso alto o bajo, escanciando el licor sobre cubitos de hielo. Se saborea lentamente, a medida que se funde el hielo.

Oporto:

Vino portugués. Se elabora añadiendo coñac al final de la fermentación. Algunos oportos son el resultado de una mezcla de diferentes añadas, y otros de la única cosecha de un año excepcional.

Parfait amour:

Licor de color púrpura elaborado con diversos ingredientes (violeta, naranja, limón, etc.). Cada fabricante tiene su propia fórmula.

Pastis:

Aperitivo francés anisado (45°), que se aromatiza con regaliz.

Pera (aguardiente de):

Se elabora por fermentación y sucesivas destilaciones de peras Williams. No se conserva mucho tiempo. Los licores de pera proceden de la mezcla de este aguardiente con azúcar.

Pernod:

Aperitivo francés anisado (45°) que se toma con un poco de agua helada. Es más seco que el pastis, y en los cócteles sustituye al ajenjo.

Pineau de Charente:

Mistela elaborada con zumo de uva y coñac añejo (de 16° a 22°).

Plymouth gin:

Ginebra inglesa originaria de Plymouth. Es menos aromática y más suave que la London dry.

Pulque:

Aguardiente que se obtiene por fermentación de la savia del magüey tequilero, una especie de agave que se cultiva en México.

Punch (o ponche):

Bebida a base de ron y frutas, ideal para fiestas y recepciones y muy decorativo. Se prepara en copa individual, o en cuenco grande (ponchera) si es para varias personas.

Rainbow (o pousse-café):

Cóctel de preparación muy delicada. Consiste en superponer en la copa líquidos de distinta densidad, color y graduación, evitando que se mezclen.

Ratafía:

Licor compuesto por $^{2}/_{3}$ de zumo de uvas y $^{1}/_{3}$ de aguardiente vino.

Ron:

Aguardiente caribeño que se elabora a partir de caña de azúcar fermentada y destilada.

Rye:

Whisky norteamericano que se elabora a base de centeno.

Sabra:

Licor israelí aromatizado con naranja y chocolate.

Safari:
Licor africano, destilado de papaya, mango, lima y maracuyá.

Saint-Raphaël:
Vino aromatizado, de la familia de las quinas.

Salsa inglesa:
Nombre que se da comúnmente a la *Worcestershire sauce.*

Sambuca:
Anisete italiano de intenso sabor.

Schnapps:
Aguardiente de cereales o patata, fuerte y poco aromático, que recuerda al aquavit, el korn y el weinbrand.

Sherry:
Nombre que dan los ingleses al jerez. No se debe confundir con el cherry, licor de origen danés.

Soft-drink:
Aplicase a los combinados analcohólicos.

Sour:
Trago corto que se caracteriza por la presencia de zumo lima o de limón verde, más una pequeña cantidad de azúcar.

Southern comfort:
Licor norteamericano de 50° elaborado con bourbon y melocotón. Es originario del estado de Missouri.

Strega:
Licor italiano de color amarillo y 40° de graduación; se elabora con no menos de setenta hierbas.

Suze:
Licor francés de genciana (16°).

Tabasco:
Salsa picante elaborada a partir de guindillas rojas maceradas en vinagre con especias, sal y azúcar.

Tequila:

Aguardiente mexicano. Se obtiene mediante la fermentación y posterior destilación de la savia del magüey tequilero.

Tía María:

Licor de café, cremoso e intensamente aromático, que se elabora en Jamaica.

Triple seco:

Licor amargo, de 25°, que se elabora con la corteza de naranjas silvestres. Lo hay de distintos colores.

Verbena:

Licor que se elabora a base de la hierba que le da nombre y otras substancias aromáticas. Puede ser amarillo (dulce) o verde (más seco).

Vermut:

Aperitivo de origen italiano, de entre 16° y 18°. Se obtiene por maceración de flores, hierbas, cortezas y raíces aromáticas en una mezcla de vinos, principalmente blancos; hay tres clases: rojo, blanco y seco.

Vino aromatizado:

Solución alcohólica resultante de una mezcla de vinos y extractos aromáticos.

Vino encabezado:

Vino cuya graduación alcohólica se aumenta mediante la adición de otro más fuerte, o bien de aguardiente o alcohol.

Vodka:

Aguardiente de 40° muy poco aromático que se elabora mediante la destilación de diversos granos. Aunque sea la bebida más típicamente rusa, es originario de Polonia. También hay vodka finlandés. Su ortografía polaca es *wodka*, y en esa lengua es palabra femenina.

V.S.:

(Very superior). Designación genérica que se aplica a los aguardientes franceses con denominación de origen controlada (coñac, armañac, calvados...).

V.S.O.P.:

(Very superior old pale). Se aplica a los aguardientes franceses con denominación de origen y menos de cuatro años.

Whiskey:

Designación genérica de los whiskies norteamericano, canadiense o irlandés, en cualquiera de sus variantes.

Whisky:

Aguardiente originario de Escocia, destilado de cebada. Puede ser de malta (a base exclusivamente de cebada malteada) o de cereales (destilado de cebada malteada, cebada sin maltear y maíz).

Whorcestershire sauce:

También llamada «salsa inglesa». Es un condimento de sabor característico, entre dulce y picante, que se elabora a partir de melaza, extracto de carne y de anchoas, escalonia, ajo y especias.

Wine cup:

Cóctel a base de vino, oporto o jerez. Se prepara indistintamente en cuenco o en la misma copa, y se puede beber caliente o frío.

X.O. o Napoleón:

Designación que se aplica a los aguardientes franceses con denominación de origen y más de cinco años.

PUNTUALIZACIONES

Hay tres tipos básicos de cócteles:

— *SHORT-DRINKS:*
Son los llamados «tragos cortos», que se sirven en copas o vasos de 12 cl a 15 cl.

— *LONG-DRINKS:*
«O tragos largos», así llamados porque se sirven en vasos con capacidad de 35 cl, y aún mayor (vasos *highball*). Los licores se mezclan con zumo de fruta, jarabes, soda, tónica, ginger ale, etc. En general, son menos alcohólicos y más refrescantes que los *short-drinks*.

— *AFTER-DINNERS:*
Son digestivos que se sirven después de las comidas, por la tarde o por la noche. Se suelen tomar en vaso alto.

OBSERVACIONES

Aunque muchos de los cócteles que figuran en este libro se han concebido a partir de productos específicos, nada impide que las marcas que aparecen en algunas fórmulas sean sustituidas por otras de análoga calidad.
Aunque es fama que el buen barman trabaja a ojo, damos las cantidades en centilitros para facilitar la labor del neófito.

EQUIVALENCIAS

1 medida →	4 centilitros
1 volumen →	4 centilitros
10 medidas de bar →	6 o 7 centilitros
1 onza →	3 centilitros
1 golpe →	unas gotas
1 toque →	unas gotas

SIGNIFICADO DE LOS SÍMBOLOS

PREPARACIÓN

- EN COCTELERA
- EN VASO MEZCLADOR
- EN BATIDORA ELÉCTRICA
- DIRECTAMENTE EN LA COPA
- AL FUEGO
- EN PONCHERA

COPAS Y VASOS

- COPA DE CÓCTEL
- VASO ALTO, TUMBLER O HIGHBALL
- VASO BAJO, U OLD-FASHIONED
- COPA ALTA DE CAVA
- COPA BAJA DE CAVA
- PILSENER, O COPA DE CERVEZA
- COPA REDONDA,
- TULIPA, O COPA PARA TRAGOS SOUR
- JARRA O TAZA
- COPA DE COÑAC
- I PARA FIZZ
- CATAVINOS

PRECIO

- BARATO
- RAZONABLE
- CARO

CLÁSICOS

CÓCTEL DE AJENJO
Para una persona

ZUMO DE NARANJA
1 COPITA DE PERNOD

Se prepara en coctelera, con hielo.
Agitar, colar y servir en copa de cóctel.

ALASKA
Para una persona

2 CL DE CHARTREUSE AMARILLO
4 CL DE GINEBRA

Se prepara en coctelera, con hielo.
Agitar, colar y servir en copa de cóctel.

ALEXANDER
Para una persona

1 CUCHARADA DE NATA LÍQUIDA
2 CL DE CREMA DE CACAO
4 CL DE COÑAC

Se prepara en coctelera, con hielo.
Agitar, colar y servir en copa de cóctel; se espolvorea con nuez moscada.

AMERICANO
Para una persona

4 CL DE CAMPARI
2 CL DE VERMUT ROJO
SODA

Se prepara directamente en vaso alto, con hielo.
Poner, por este orden, el Campari y el vermut, y remover con la cucharilla. Completar con soda.
Se decora con media rodaja de naranja y media de limón.

ANGOSTURA Y GINGER ALE
Para una persona

5 GOLPES DE ANGOSTURA
1/4 DE L DE GINGER ALE

Se prepara directamente en copa de fizz, con hielo.
Mezclar con la cucharilla y servir.

CÓCTEL DE BACARDÍ
Para una persona

0,5 CL DE GRANADINA
2 CL DE ZUMO DE LIMÓN
4 CL DE RON BACARDÍ

Se prepara en coctelera, con hielo.
Agitar, colar y servir en copa de cóctel.

BALALAIKA

Para una persona

2 CL DE ZUMO DE LIMÓN
2 CL DE COINTREAU
3 CL DE VODKA

Se prepara en coctelera, con hielo.
Agitar, colar y servir en copa de cóctel con el borde escarchado.
Decorar con una corteza de limón.

BANANA BLISS

Para una persona

3 CL DE CREMA DE PLÁTANO
4 CL DE COÑAC

Se prepara en vaso mezclador, con hielo.
Remover con la cucharilla mezcladora y servir en copa de cóctel.

B & B

Para una persona

3 CL DE BÉNÉDICTINE
3 CL DE COÑAC

Se prepara directamente en copa de coñac, con un cubito de hielo.
Remover y servir.

CHAPOTEO

Para una persona

0,5 CL DE GRANADINA
2 CL DE ZUMO DE LIMÓN
4 CL DE ZUMO DE NARANJA
CAVA

Se prepara en coctelera, con hielo.
Agitar, colar y servir en copa de cava.
Completar con cava.

BELLINI

Para una persona

4 CL DE ZUMO DE MELOCOTÓN
CAVA

Se prepara directamente en copa alta de cava.
Poner el zumo de melocotón, completar con cava, remover con la cucharilla mezcladora y servir.

BLACK RUSSIAN

PARA UNA PERSONA

2 CL DE LICOR DE CAFÉ
4 CL DE VODKA RUSO

Se prepara directamente en vaso bajo, con hielo.
Poner los ingredientes en el vaso, remover con la cucharilla mezcladora y servir.

BRONX

Para una persona

0,5 CL DE ZUMO DE NARANJA
1,5 CL DE VERMUT SECO
1,5 CL DE VERMUT DULCE
3 CL DE GINEBRA

Se prepara en coctelera, con hielo.
Agitar, colar y servir en copa de cóctel, con una corteza de naranja.

BRANDY EGG-NOG

Para una persona

1 CUCHARADITA DE AZÚCAR
1 YEMA DE HUEVO
4 CL DE COÑAC
LECHE

Se prepara en coctelera, con hielo.
Agitar, colar y servir en vaso alto.
Completar con leche y espolvorear con nuez moscada.

BLOODY MARY

Para una persona

1 GOLPE DE TABASCO
1 GOLPE DE SALSA INGLESA
0,5 CL DE ZUMO DE LIMÓN
SAL DE APIO
2 O 3 CL DE VODKA
6 O 7 CL DE ZUMO DE TOMATE

Se prepara directamente en vaso alto.
Mezclar y servir.
Se puede añadir una rodaja de limón y un cubito de hielo

NOTA HISTÓRICA

El BLOODY MARY fue creado en 1921 por Pete PETIOT, del New-York Bar de París.

BOURBON OLD-FASHIONED

Para una persona

4 CL DE BOURBON
1 GOLPE DE ANGOSTURA
¼ DE TERRÓN DE AZÚCAR
SODA

Se prepara directamente en vaso bajo.
Poner el azúcar empapado de angostura en el fondo del vaso.
Machacarlo y añadir por este orden soda, hielo y bourbon, y mezclar bien con la cucharilla. Se decora con media rodaja de naranja, guindas y una corteza de limón.

Se puede utilizar cualquier licor como base en la preparación de los OLD-FASHIONED.

CÓCTEL DE CHAMPÁN

Para una persona

¼ DE TERRÓN DE AZÚCAR
1 GOLPE DE ANGOSTURA
1 GOLPE DE COÑAC
CAVA

Se prepara directamente en copa alta de cava.
Poner el azúcar empapado de angostura en el fondo de la copa.
Añadir el coñac. Aplastar el terrón de azúcar con el mango de la cucharilla mezcladora y completar con cava.
Se decora con una corteza de naranja.

DAIQUIRI

Para una persona

0,5 CL DE ALMÍBAR DE CAÑA
2 CL DE ZUMO DE LIMÓN
4 CL DE RON BLANCO

Se prepara en coctelera, con hielo.
Agitar, colar y servir en copa de cóctel sin decorar.

FLORIDA

Para una persona

1,5 CL DE GRANADINA
2 CL DE ZUMO DE LIMÓN
3,5 CL DE ZUMO DE NARANJA

Se prepara en coctelera, con hielo.
Agitar, colar y servir en vaso alto con hielo.
Se decora con fruta.

El FLORIDA es un clásico de la coctelería sin alcohol.

DRY MARTINI

Para una persona

1 CL DE VERMUT BLANCO SECO
5 CL DE GINEBRA

Se prepara en vaso mezclador, con hielo.
Remover enérgicamente con la cucharilla mezcladora y servir en copa de cóctel.
Se decora con una corteza de limón o una aceituna verde.

GARIBALDI

Para una persona

6 CL DE ZUMO DE NARANJA
4 CL DE CAMPARI

Se prepara en vaso alto, con hielo.
Poner los ingredientes en el vaso, remover bien con la cucharilla mezcladora y servir.
Se decora el borde con media rodaja de naranja.

GIN FIZZ

Para una persona

1 CUCHARADA DE AZÚCAR
EL ZUMO DE UN LIMÓN
4 O 5 CL DE GINEBRA
SODA

Se prepara en coctelera, con hielo.
Agitar, colar y servir en copa de fizz sin hielo. Completar con soda.

Se puede utilizar cualquier licor como base para los FIZZ.

GOOD MOTHER

Para una persona

2 CL DE AMARETTO
4 CL DE VODKA

Se prepara directamente en vaso bajo, con hielo.
Poner los ingredientes en el vaso, remover con la cucharilla mezcladora y servir.

GRASSHOPPER

Para una persona

1 CUCHARADA DE NATA LÍQUIDA
2 CL DE CREMA DE CACAO BLANCA
4 CL DE CREMA DE MENTA VERDE

Se prepara en coctelera, con hielo.
Agitar, colar y servir en copa doble de cóctel.

GOOD FATHER

Para una persona

2 CL DE AMARETTO
4 CL DE WHISKY ESCOCÉS

Se prepara directamente en vaso bajo, con hielo.
Poner los ingredientes en el vaso, remover con la cucharilla mezcladora y servir.

El amaretto es un licor italiano de almendras amargas. Su equivalente sin alcohol es la leche de almendras.

JACK ROSE

Para una persona

0,5 CL DE GRANADINA
2 CL DE ZUMO DE LIMÓN
4 CL DE CALVADOS

Se prepara en coctelera, con hielo.
Agitar, colar y servir en copa de cóctel.

MACCA

Para una persona

0,5 CL DE CASSIS
2 CL DE VERMUT BLANCO SECO
2 CL DE VERMUT ITALIANO
SODA

Se prepara directamente en vaso alto, con hielo.
Poner los ingredientes en el vaso, remover con la cucharilla mezcladora, completar con soda y servir.
Se decora con una corteza de limón.

TOM COLLINS

Para una persona

EL ZUMO DE UN LIMÓN
1 CUCHARADA DE AZÚCAR
4 O 5 CL DE GINEBRA
SODA

Se prepara directamente en vaso alto, con hielo.
Remover, completar con soda y servir.
Se decora el borde del vaso con una guinda puesta en una rodaja de limón.

Se puede utilizar cualquier licor como base para los COLLINS.

MANHATTAN

Para una persona

1 GOLPE DE ANGOSTURA
2 CL DE VERMUT ITALIANO
(SECO O DULCE, A ELEGIR)
4 CL DE RYE WHISKY

Se prepara en vaso mezclador, con hielo.
Remover con la cucharilla mezcladora y servir en copa de cóctel.
Se decora con una guinda en aguardiente.

MARGARITA

Para una persona

4 CL DE ZUMO DE LIMÓN
2 CL DE COINTREAU
4 CL DE TEQUILA

Se prepara en coctelera, con hielo.
Agitar, colar y servir en copa de cóctel, con el borde mojado en limón y escarchado de sal fina.

MARGOT

Para una persona

1 CL DE ZUMO DE NARANJA
2 CL DE ZUMO DE PIÑA
3 CL DE VODKA
4 CL DE PÊCHER MIGNON

Se prepara en coctelera, con hielo.
Agitar, colar y servir en copa doble de cóctel.
Se decora con una espiral de naranja y un gajo de piña.

NEGRONI

Para una persona

2 CL DE VERMUT ITALIANO
2 CL DE CAMPARI
3 CL DE GINEBRA

Se prepara directamente en vaso alto, con hielo.
Poner los ingredientes en el vaso, remover con la cucharilla mezcladora y servir. Se puede completar con soda.
Se decora con media rodaja de naranja.

ORANGE BLOSSOM

Para una persona

4 CL DE ZUMO DE NARANJA
3 CL DE GINEBRA

Se prepara en coctelera, con hielo.
Agitar, colar y servir en copa de cóctel.
Se decora con una espiral de naranja.

NOTA HISTÓRICA

El NEGRONI fue creado en 1920, en Florencia.
Parece que el conde Negroni, acreditado dandy de la época, tenía por costumbre enriquecer su Americano con un poco de ginebra, innovación cuyo éxito cundió rápidamente entre los entendidos.
Fosco Scarselli, barman predilecto del conde, quiso abreviar el nombre demasiado largo de Americano con ginebra y le dio el de su creador.
Este cóctel ha conquistado por derecho propio un sitio entre los grandes de la coctelería internacional.

PARADISE

Para una persona

0,5 CL DE ZUMO DE NARANJA
2 CL DE APRICOT BRANDY
3 CL DE GINEBRA

Se prepara en coctelera, con hielo.
Agitar enérgicamente, colar y servir en copa doble de cóctel.
No lleva decoración.

PAPAGAYO

Para una persona

1 GOLPE DE JARABE DE MENTA
4 CL DE PERNOD

Se prepara directamente en vaso bajo, con un poco de hielo.

PIMM'S Nº 1

Para una persona

4 CL DE PIMM'S
SODA

Se prepara directamente en vaso alto, con hielo.
Poner el Pimm's, añadir la soda, remover y servir.
Se decora con una rodaja de naranja, dos guindas en aguardiente y una corteza de limón.
Se puede añadir piel de pepino y hojas de menta fresca.

PINK LADY

Para una persona

0,5 CL DE GRANADINA
2 CL DE ZUMO DE LIMÓN
4 CL DE GINEBRA

Se prepara en coctelera, con hielo.
Agitar, colar y servir en copa de cóctel.

PICTONIC

Para una persona

4 CL DE AMER PICON
INDIAN TONIC

Se prepara directamente en vaso alto, con hielo.
Poner el Piccon, añadir la tónica, remover bien con la cucharilla mezcladora y servir.

PIÑA COLADA Nº1

Para una persona

1,5 CL DE LICOR DE COCO
2,5 CL DE RON BLANCO
5 CL DE ZUMO DE PIÑA
1 GOLPE DE NATA LÍQUIDA

Se prepara en coctelera, con hielo.
Agitar, colar y servir en vaso alto con hielo.
Se decora con un gajo de piña y dos guindas en aguardiente

PINK GIN

Para una persona

4 CL DE GINEBRA
2 GOLPES DE ANGOSTURA

Se prepara directamente en copa de cóctel.
Poner la angostura y escanciar encima la ginebra.
Se sirve acompañado de un vaso de agua helada.

PLANTER'S PUNCH Nº1

Para una persona

1 GOLPE DE CURAÇAO ROJO
1 GOLPE DE MARRASQUINO
1 CL DE ZUMO DE LIMÓN
1 CL DE ZUMO DE NARANJA
1 CL DE ZUMO DE PIÑA
3 CL DE RON BLANCO
1 GOLPE DE RON MORENO

Se prepara directamente en vaso alto, con hielo.
Poner los ingredientes en el vaso, remover y terminar con un golpe de ron moreno. Se decora con dos guindas en aguardiente pinchadas en un gajo de piña.

OPORTO FLIP

Para una persona

1 CUCHARADA DE AZÚCAR
1 YEMA DE HUEVO
2 CL DE COÑAC
4 CL DE OPORTO TINTO

Se prepara en coctelera, con hielo.
Agitar enérgicamente, colar y servir en copa doble de cóctel. Espolvorear con nuez moscada.

Se puede sustituir el oporto por un licor, obteniéndose así el vodka flip, el coñac flip, etc.

ROB ROY

Para una persona

1 GOLPE DE ANGOSTURA
1,5 CL DE VERMUT ITALIANO
5 CL DE WHISKY ESCOCÉS

Se prepara en vaso mezclador, con hielo.
Poner los ingredientes en el orden que se indica, remover bien y servir en copa de cóctel decorada con dos guindas en aguardiente.

PLANTER'S PUNCH Nº 2

Para una persona

1 GOLPE DE ALMÍBAR DE CAÑA
1 CL DE LIMÓN VERDE
2 CL DE ZUMO DE NARANJA
4 CL DE RON BLANCO
1 GOLPE DE ANGOSTURA

Se prepara en coctelera, con hielo.
Agitar, colar y servir en copa de cóctel. Espolvorear con nuez moscada.

Ésta es una fórmula típicamente, martiniqueña.

RED LION

Para una persona

1 CL DE ZUMO DE NARANJA
1 CL DE ZUMO DE LIMÓN
3 CL DE GRAND MARNIER
2 CL DE GINEBRA

Se prepara en coctelera, con hielo.
Agitar, colar y servir en copa de cóctel.

RUSTY NAIL

Para una persona

3 CL DE WHISKY ESCOCÉS
3 CL DE LICOR DE WHISKY ESCOCÉS

Se prepara directamente en vaso bajo, con hielo.
Poner los ingredientes en el vaso y remover con la cucharilla mezcladora.

SCOTCH SOUR

Para una persona

1 CUCHARADA DE AZÚCAR
2 CL DE ZUMO DE LIMÓN
5 CL DE WHISKY ESCOCÉS

Se prepara en coctelera, con hielo.
Agitar, colar y servir en copa de cóctel.
Se puede decorar con dos guindas en aguardiente.

Se puede utilizar cualquier licor como base en la preparación de los tragos SOUR.

SCREWDRIVER

Para una persona

3 O 4 CL DE VODKA
6 CL DE ZUMO DE NARANJA

Se prepara directamente en vaso alto, con hielo.
Remover bien y servir, decorado opcionalmente con media rodaja de naranja.

SIDECAR

Para una persona

0,5 CL DE ZUMO DE LIMÓN
2 CL DE COINTREAU
4 CL DE COÑAC

Se prepara en coctelera, con hielo.
Agitar, colar y servir en copa de cóctel.

SILVER FIZZ

Para una persona

1 CLARA DE HUEVO
1 CUCHARADA DE AZÚCAR
EL ZUMO DE UN LIMÓN
4 CL DE GINEBRA
SODA

Se prepara en coctelera, con hielo.
Agitar enérgicamente hasta obtener una mezcla cremosa, colar y servir en vaso alto, sin hielo. Completar con soda.

SLING

Para una persona

1 CL DE ZUMO DE LIMÓN
2 CL DE SAFARI
TÓNICA

Se prepara directamente en vaso alto, con hielo.
Remover bien con la cucharilla y completar con tónica.

El SAFARI es un destilado africano de frutas exóticas.

DAMA SUIZA

Para una persona

½ CLARA DE HUEVO
2 CL DE ZUMO DE LIMÓN
4 CL DE PERNOD
SODA

Se prepara en coctelera, con hielo.
Agitar, colar y servir en vaso alto, sin hielo. Completar con soda.

SINGAPOORE SLING

Para una persona

1 CL DE ZUMO DE LIMÓN
3 CL DE GINEBRA
3 CL DE HERRY BRANDY
SODA O AGUA

Se prepara en coctelera, con hielo.
Agitar, colar y servir en vaso alto, sin hielo. Completar con soda o agua.

STINGER

Para una persona

2 CL DE CREMA DE MENTA BLANCA
4 CL DE COÑAC

Se prepara en coctelera, con hielo.
Agitar rápida y enérgicamente, colar y servir en copa de cóctel.

TOMATE

Para una persona

1 GOLPE DE GRANADINA
4 CL DE PERNOD
AGUA HELADA

Se prepara directamente en vaso bajo, con hielo.
Mezclar, completar con agua helada y servir.

WHITE LADY

Para una persona

0,5 CL DE ZUMO DE LIMÓN
2 CL DE COINTREAU
4 CL DE GINEBRA

Se prepara en coctelera, con hielo.
Agitar, colar y servir en copa de cóctel.

TEQUILA SUNRISE

Para una persona

7 CL DE ZUMO DE NARANJA
4 CL DE TEQUILA
1 GOLPE DE GRANADINA

Se prepara directamente en vaso alto, con hielo.
Remover bien con la cucharilla mezcladora y terminar con un golpe de granadina para obtener un degradado.

OBSERVACIONES

Las cantidades que damos son en general para una persona (de 6 cl a 7 cl como máximo).
Lógicamente, habrá que multiplicarlas por el número de copas que se quiera preparar.
Nunca se debe olvidar el hielo: picado o en cubitos, y siempre lavado, constituye el alma de un cóctel.

SIN ALCOHOL

Hay quien sostiene, contra la opinión de buena parte de la humanidad, que la templanza es la mayor virtud. Aunque por su condición no pueda comulgar con tal idea, hasta el más empecinado bebedor habrá de admitir que la ley y las buenas costumbres imponen ciertos límites, sin olvidar que hay religiones o creencias que prohíben el alcohol. No faltan, por otra parte, quienes luchan por moderar su afición a la coctelería sin renunciar por ello a su deleite. La solución a tal dilema reside en las ingeniosas fórmulas concebidas para satisfacer a los catadores que no pueden, no quieren o no gustan de la ingestión de bebidas alcohólicas. Sus principios son los mismos que rigen el resto de los cócteles: sencillamente, se sustituye el alcohol por zumos, infusiones, jarabes o extractos sin graduación.

Los cócteles sin alcohol se preparan en su mayor parte a base de zumos de fruta o verdura con adición, cuando lo pide la fórmula, de soda, tónica o ginger ale.

Si bien el uso de la coctelera o el vaso mezclador no siempre es necesario, la batidora es indispensable para la realización de estos combinados.

Los resultados son tan notables como deliciosos, siempre que se ponga el debido cuidado en su preparación y presentación.

LUNA BELLA (CHANTRAVIMONH)

Para una persona

10 CL DE ZUMO DE NARANJA
6 CL DE ZUMO DE PIÑA
2 CL DE ZUMO DE LIMÓN VERDE

Se prepara en coctelera, con hielo
Agitar, colar y servir en vaso alto, decorado con un gajo de piña.

BUGANVILLA (FEUANG FA)

Para una persona

5 CL DE ZUMO DE POMELO
10 CL DE ZUMO DE ALBARICOQUE
5 CL DE ZUMO DE PIÑA

Se prepara en coctelera, con hielo.
Agitar, colar y servir en vaso alto decorado con un gajo de piña y uno de pomelo pinchados en un palillo.

CENICIENTA

Para una persona

5 CL DE ZUMO DE LIMÓN
5 CL DE ZUMO DE NARANJA
5 CL DE ZUMO DE PIÑA

Se prepara directamente en vaso alto, con hielo.
Mezclar con la cucharilla.
Se decora con una brocheta formada por media rodaja de piña, media de naranja y media de limón.

PICO BLANCO DE MENTA

Para una persona

4 CL DE JARABE DE MENTA
2 CL DE ZUMO DE LIMÓN
1 CL DE ALMÍBAR DE CAÑA
1 GOLPE DE ZUMO DE LIMÓN VERDE

Se prepara en coctelera, con hielo.
Agitar y servir sin colar en tulipa con medio borde escarchado.

APIOSO

Para una persona

30 G DE TOMATE
50 G DE ZANAHORIA
40 G DE ESPINACAS
50 G DE APIO
3 CL DE AGUA

Se prepara en batidora.
Batir, colar y servir en copa de cóctel.
Se decora con un trozo de apio.

LIMÓN VERDE ESCARCHADO

Para una persona

1 PORCIÓN DE HELADO DE LIMÓN VERDE
2 CL DE ZUMO DE POMELO
2 CL DE JARABE DE MENTA

Se prepara en batidora.
Batir con hielo picado, colar y servir en copa baja de cava.
Añadir dos cúbitos de hielo
Se decora con una ramita de menta fresca y se toma con pajita corta.

ESCARLATA

Para cuatro personas

1 L DE INFUSIÓN DE AZAHAR
3,5 CL DE JARABE DE FRESA
3,5 CL DE JARABE DE FRAMBUESA
3,5 CL DE JARABE DE GROSELLA

Se prepara directamente en vaso alto, con hielo.
Se decora con alguna fruta roja.

COUNTRY CLUB

Para una persona

40 G DE REPOLLO
40 G DE PEPINO
30 G DE APIO
4 CL DE ZUMO DE TOMATE
30 G DE PEREJIL

Se prepara en batidora.
Batir, colar y servir en vaso bajo.
Se decora con una rodaja de pepino, una de tomate y hojas de perejil.

DIVINA BAILARINA

Para una persona

10 CL DE ZUMO DE MANGO
5 CL DE ZUMO DE PERA
2 CL DE ZUMO DE LIMÓN VERDE
2 CL DE JARABE DE GROSELLA

Se prepara en coctelera, con hielo. Servir en vaso alto, con un gajo de limón verde, otro de pera y una guinda.

COCODIDAS

Para una persona

4 CL DE LECHE DE COCO
50 G DE PLÁTANO
60 G DE GROSELLAS ROJAS
50 G DE RUIBARBO

Se prepara en batidora.
Batir, colar y servir en vaso bajo.
Sazonar al gusto.
Se decora con una grosella pinchada entre dos rodajas de plátano.

COPA DE FRUTA

Para una persona

4 CUCHARADAS DE HIELO PICADO
4 CL DE JARABE DE FRAMBUESA
4 CL DE JARABE DE FRESA
4 CL DE ZUMO DE PIÑA
4 CL DE ZUMO DE LIMÓN
4 CL DE ZUMO DE NARANJA
4 CL DE ZUMO DE UVA

Se prepara en batidora.
Batir, colar y servir en vaso alto, decorado con rodajas de plátano.

FELICITACIÓN

Para una persona

3 CL DE ZUMO DE NARANJA
3 CL DE ZUMO DE TOMATE
3 CL DE ZUMO DE GROSELLA
1 YEMA DE HUEVO

Se prepara en batidora.
Batir hasta que se deshaga el hielo, colar y servir en copa de cóctel.

FLOR DE AMOR *(DOK-RACK)*

Para una persona

7 CL DE NÉCTAR DE PLÁTANO
7 CL DE ZUMO DE MANGO
4 CL DE ZUMO DE PIÑA

Se prepara en coctelera, con hielo.
Agitar bien, colar y servir en tulipa.
Espolvorear con coco rallado.

FLOR CELESTE *(BOUPHA SAVANH)*

Para una persona

2 CL DE ZUMO DE LIMÓN VERDE
8 CL DE ZUMO DE NARANJA
10 CL DE ZUMO DE UNA FRUTA ROJA

Se prepara en coctelera, con hielo.
Agitar, colar y servir en vaso alto.
Se decora con una rodaja de naranja.

FRANCHIPÁN *(CHAMPA)*

Para una persona

10 CL DE ZUMO DE FRUTAS EXÓTICAS
5 CL DE NÉCTAR DE PLÁTANO
50 G DE COCO FRESCO
3 CL DE JARABE DE FRESA

Se prepara en batidora.
Batir rápidamente, colar y servir en tulipa decorada con unas rodajas de plátano.

FRUTA DE LAS ISLAS

Para una persona

4 CL DE ZUMO DE GUAYABA
6 CL DE ZUMO DE FRUTO DE LA PASIÓN
3 CL DE ZUMO DE KIWI
2 CL DE ZUMO DE LICHI

Se prepara en coctelera, con hielo.
Agitar y servir en vaso alto, sin colar.
Se decora con una rodaja de kiwi.

OBSERVACIÓN

Las fórmulas de origen tailandés (con un segundo nombre en cursiva) han sido amablemente cedidas por el gran barman Sith Phommala.

SHAKE DE GRANADINA

Para una persona

3 CUCHARADAS DE HIELO PICADO
2 CL DE GRANADINA
2 CL DE ZUMO DE PIÑA
1 CL DE ZUMO DE LIMÓN
1 CLARA DE HUEVO
SODA

Se prepara en batidora.
Batir unos segundos y servir, sin colar, en vaso bajo. Completar con soda o gaseosa.
Se decora con menta y una brocheta de guindas.

CHAMPÁN INCORRUPTIBLE

Para una persona

4 CL DE ZUMO DE POMELO
2 CL DE ZUMO DE NARANJA
GASEOSA

Se prepara en coctelera, con hielo.
Agitar, colar y servir en copa alta de cava. Completar con gaseosa fría.

ISLA DE ISCHIA

Para una persona

5 CL DE ZUMO DE POMELO
8 CL DE ZUMO DE NARANJA
5 CL DE ZUMO DE PIÑA
2 CL DE AGUA SAN PELLEGRINO

Se prepara directamente en copa redonda, con hielo.
Se decora con una brocheta de naranja, piña y pomelo.

JAZMÍN *(MALI)*

Para una persona

8 CL DE ZUMO DE GUAYABA
8 CL DE ZUMO DE UNA FRUTA ROJA
4 CL DE ZUMO DE PIÑA

Se prepara directamente en vaso alto, con hielo.
Mezclar bien con la cucharilla.
Se decora con un gajo de piña.

LETICIA ESPECIAL

Para una persona

6 CL DE ZUMO DE FRUTO DE LA PASIÓN
4 CL DE ZUMO DE PIÑA
4 CL DE ZUMO DE LIMÓN
1 CL DE JARABE DE MENTA

Se prepara directamente en vaso alto, con hielo.
Mezclar y decorar con un gajo de piña.

RIED

Para una persona

60 G DE ZANAHORIA
60 G DE TOMATE
40 G DE AJO Y CEBOLLA MACHACADOS
40 G DE PEPINO
50 G DE LECHUGA

Se prepara en batidora.
Batir, colar y servir en vaso alto.
Sazonar al gusto.
Se decora con una rodaja de tomate y otra de pepino.

OBSERVACIÓN

Antes de ponerlas en la batidora, es recomendable cortar la fruta y la verdura en dados pequeños.

DELICIA

Para una persona

4 CUCHARADAS DE HIELO PICADO
60 G DE FRESAS
1 BOLA DE HELADO DE NARANJA
60 G DE MELÓN
GINGER ALE

Se prepara en batidora.
Batir durante unos quince segundos. Añadir suavemente el ginger ale, remover con la cucharilla mezcladora y servir en copa doble de cóctel, con un gajo de melón pinchado en una fresa.

LOTO AZUL *(OUBOL)*

Para una persona

10 CL. DE ZUMO DE POMELO
3 CL DE JARABE DE MENTA
INDIAN TONIC

Se prepara directamente en vaso alto, con hielo.
Remover bien y completar con tónica.

LUZ ROJA

Para una persona

4 CL DE ZUMO DE LIMÓN
4 CL DE ZUMO DE FRESA
4 CL DE ZUMO DE NARANJA
4 CL DE ZUMO DE PIÑA
UNOS GOLPES DE GRANADINA

Se prepara en coctelera, con hielo.
Agitar, colar y servir en copa de fizz.
Se decora con una rodaja de naranja, un gajo de piña y una de fresa.

MELÓN SPIT

Para una persona

40 G DE REMOLACHA
70 G DE MELÓN
40 G DE NARANJA
20 G DE POMELO
30 G DE YOGUR

Se prepara en batidora.
Batir, colar y servir en vaso alto.
Se decora con un gajo de melón y media rodaja de naranja.

ENANO AMARILLO

Para una persona

1 YEMA DE HUEVO
10 CL DE NATA LÍQUIDA
2 CL DE FRUTO DE LA PASIÓN
2 CL DE AGUA CON GAS
1 GOLPE DE LECHE DE ALMENDRAS

Se prepara en batidora.
Batir con hielo picado, colar y servir en tulipa.

PIÑA COLADA SIN ALCOHOL

Para una persona

8 CL DE LECHE DE COCO
4 CL DE ZUMO DE PIÑA
1 GOLPE DE LECHE DE ALMENDRAS

Se prepara en batidora.
Batir, colar y servir en vaso bajo, con pajita.
Se decora con un gajo de piña y una guinda.

PINEAPPLE COOLER

Para una persona

20 CL DE ZUMO DE PIÑA
1 CL DE ZUMO LIMÓN VERDE
10 CL DE BÍTER DE LIMÓN

Se prepara en coctelera, con hielo.
Agitar, colar y servir en vaso alto.
Se decora con un gajo de piña y una guinda.

POMMOS

Para una persona

50 G DE POMELO ROSA
50 G DE PERA WILLIAMS
90 G DE RUIBARBO
4 CL DE LECHE DESNATADA

Se prepara en batidora.
Batir, colar y servir en vaso bajo.
Se decora con un gajo de pomelo y otro de pera.

PONCHE DE FRUTA

Para una persona

6 CL DE ZUMO DE PIÑA
6 CL DE ZUMO DE LIMÓN
12 CL DE ZUMO DE NARANJA
UNOS GOLPES DE GRANADINA

Se prepara directamente en vaso alto, con hielo.
Mezclar bien. Se decora con una rodaja de naranja y una guinda.

OBSERVACIONES

La fruta y la verdura deben ser frescas. Conviene prepararlas en el último momento, a fin de que conserven sus propiedades naturales.

PRUNE SHAKE

Para una persona

15 CL DE ZUMO DE CIRUELA
10 CL DE ZUMO DE NARANJA
2 BOLAS DE HELADO
DE VAINILLA

Se prepara en batidora.
Batir y servir sin colar en vaso alto, con una pajita.

RABANÍSIMO

Para una persona

60 G DE KIWI
60 G DE RÁBANO
2 CL DE ZUMO DE LIMÓN
VERDE
2 CL DE AGUA

Se prepara en batidora
Batir, colar y servir en vaso alto.
Se decora con una rodaja de kiwi.

SKIN-FOOD

Para una persona

40 G DE YOGUR DESNATADO
30 G DE PERIFOLLO
30 G DE ESPINACAS
50 G DE MELÓN
2 CL DE ZUMO DE LIMÓN

Se prepara en batidora.
Batir, colar y servir en vaso alto.
Completar con agua mineral.
Se decora con un trozo de melón.

RED SOMBRERO

Para una persona

4 CL DE ZUMO DE PIÑA
4 CL DE ZUMO DE NARANJA
4 CL DE ZUMO DE LIMÓN
VERDE
4 CL DE ZUMO DE GRANADINA
GINGER ALE

Se prepara en coctelera, con hielo.
Agitar enérgicamente, colar y servir en vaso alto. Completar con ginger ale.
Se decora con una rodaja de limón verde y una guinda.

SUMMER WEATHER

Para una persona

40 G DE PEPINO
30 G DE REMOLACHA
30 G DE RÁBANO
10 G DE PEREJIL
90 G DE CALDO
DE ESPÁRRAGOS

Se prepara en batidora.
Batir, colar y servir en vaso alto.
Se decora con puntas de espárragos y perejil picado.

TOMATO-COOLER

Para una persona

15 CL DE ZUMO DE TOMATE
30 G DE PEPINO PELADO
2 GOLPES DE ZUMO DE LIMÓN
2 GOLPES DE SALSA INGLESA
1 PIZCA DE SAL
1 PIZCA DE PIMIENTA

Se prepara en batidora.
Batir, colar y servir en vaso alto, con con medio borde escarchado de sal fina.

TOMATE PREPARADO

Para una persona

ZUMO DE TOMATE
2 GOLPES DE SALSA INGLESA
1 GOLPE DE TABASCO
EL ZUMO DE ½ LIMÓN
SAL DE APIO

Se prepara directamente en vaso alto, con hielo.
Mezclar bien con la cucharilla

TONIFICANTE

Para una persona

0,5 CL DE ZUMO DE LIMÓN
1,5 CL DE ZUMO DE TOMATE
1,5 CL DE ZUMO DE RÁBANO
2 CL DE ZUMO DE BERRO
1,5 CL DE ZUMO
DE ZANAHORIA

Se prepara en batidora.
Batir, colar y servir en copa de coctel, decorada con una rodaja de tomate.

VEGETABLE SYMPHONY

Para una persona

30 G DE APIO
40 G DE ACEDERA
50 G DE ESPINACAS
10 G DE AJO
70 G DE TOMATE

Se prepara en batidora.
Batir, colar y servir en vaso bajo.
Se decora con una rodaja de tomate.

VIRGIN MARY

Para una persona

SAL DE APIO
1 GOLPE DE TABASCO
3 GOLPES DE SALSA INGLESA
3 GOLPES DE ZUMO DE LIMÓN
ZUMO DE TOMATE

Se prepara directamente en vaso bajo, con hielo.
Mezclar bien y completar con zumo de tomate.
Se decora con media rodaja de limón.

VERDOR

Para una persona

60 G DE TOMATE VERDE
60 G DE PEPINO
50 G DE HOJAS DE MILAMORES
60 G DE REPOLLO BLANCO

Se prepara en batidora.
Batir, rápidamente, colarlo y servir en vaso alto. Se completa con agua.

VITALITÄT

Para una persona

40 G DE ZANAHORIA
40 G DE HINOJO
40 G DE GROSELLAS
40 G DE PATATA
50 G DE PEREJIL

Se prepara en batidora.
Batir, colar y completar con agua.

A LA LECHE

La leche es un producto natural, sano y de gran valor nutritivo. Contiene proteínas, glúcidos, lípidos, minerales (especialmente calcio) y vitaminas (sobre todo si es entera).

Medio litro de leche aporta al organismo 600 mg de calcio, es decir, el 60% de la cantidad diaria que necesita un adolescente, y tantas proteínas como dos huevos o 100 g de carne o pescado.

En unos tiempos en que la dietética y la obsesión por adelgazar vienen cobrando creciente importancia, hay que saber que un régimen hipocalórico equilibrado debe comprender cierta cantidad diaria de leche desnatada o semidesnatada, según el caso, para garantizar un adecuado equilibrio fisiológico.

En las pausas del trabajo o a la hora del aperitivo, la leche nos ofrece en todo momento y a toda edad sus virtudes, tan energéticas como gratas al paladar.

BANANA COW

Para una persona

20 CL DE LECHE
4 CL DE RON BLANCO
1 PLÁTANO
1 CL DE ALMÍBAR
1 GOLPE DE LICOR DE MENTA
1 GOLPE DE ANGOSTURA

Se prepara en batidora.
Batir con hielo picado y servir en vaso alto.

ALEXANDER MILK-PUNCH

Para una persona

20 CL DE LECHE
4 CL DE COÑAC
2 CL DE CREMA DE CACAO

Se prepara en batidora con hielo picado.
Batir rápidamente y servir en vaso alto. Espolvorear con nuez moscada.

LECHE DE GALLINA Nº 1

Para una persona

4 CL DE RON O COÑAC
1 YEMA DE HUEVO
1 CL DE ALMÍBAR DE CAÑA
10 CL DE LECHE

Se prepara en batidora.
Batir durante unos segundos con hielo picado y servir en vaso alto.

MILK-PUNCH AL RON

Para una persona

12 CL DE LECHE
2 CL DE ALMÍBAR DE CAÑA
5 CL DE RON BLANCO

Se prepara en batidora.
Batir y servir en vaso alto previamente enfriado. Espolvorear con nuez moscada.

Se puede sustituir el ron por coñac o calvados.

JAMAICAN COW

Para una persona

12 CL DE LECHE ENTERA FRÍA
1 HUEVO ENTERO
4 CL DE LICOR DE CAFÉ
1 CL DE RON

Se prepara en coctelera, con hielo.
Agitar y servir en copa de cóctel.

HEIDI

Para una persona

5 CL DE LECHE
1,5 CL DE LECHE
DE ALMENDRAS
1,5 CL DE JARABE DE FRESA
3 CL DE ZUMO DE MANGO

Se prepara directamente en vaso alto, con unos cubitos de hielo.

BUBBA

Para una persona

5 CL DE LECHE
1,5 CL DE LICOR DE COCO
1,5 CL DE LICOR DE PLÁTANO
1 CL DE GRANADINA

Se prepara directamente en vaso alto con unos cubitos de hielo, como el anterior.

COFFEE EGG-NOG

Para una persona

1 HUEVO
4 CL DE LECHE
2 CL DE COÑAC
1 CUCHARADA DE AZÚCAR
4 CL DE LICOR DE CAFÉ

Se prepara en coctelera, con hielo.
Agitar, colar y servir en vaso alto, con unos cubitos de hielo. Espolvorear con nuez moscada.

BREAKFAST NOT

Para una persona

4 CL DE COÑAC
3 CL DE GRAND MARNIER
1 HUEVO
8 CL DE LECHE

Se prepara en coctelera, con hielo.
Agitar, enérgicamente, colar y servir en vaso alto. Espolvorear con nuez moscada.

BRANDY MILK EGG-NOG

Para una persona

4 CL DE COÑAC
1 YEMA DE HUEVO
1 CL ALMÍBAR DE CAÑA
20 CL DE LECHE

Se prepara en coctelera, con hielo.
Agitar enérgicamente, colar y servir en vaso alto. Espolvorear con nuez moscada.

MINT LADY

Para una persona

2 CL DE CREMA DE MENTA VERDE
4 CL DE LECHE
2 CL DE COÑAC

Se prepara en coctelera, con hielo.
Agitar, colar y servir en copa de cóctel. Espolvorear con cacao molido.

SILK STOCKINGS

Para una persona

4 CL DE TEQUILA
1 CL DE LICOR DE CHOCOLATE BLANCO
1 CL DE GRANADINA
8 CL DE LECHE

Se prepara en batidora.
Batir bien y servir en vaso alto, decorado con una brocheta de guindas.

SIBERIA

Para una persona

6 CL DE LECHE
3 CL DE VODKA
1,5 CL DE LICOR DE MANDARINA

Se prepara en coctelera, con hielo.
Agitar, colar y servir en vaso alto decorado con una rodaja de naranja.

SWEET

Para una persona

2,5 CL DE LECHE DESNATADA
0,5 CL DE AMARETTO
1 CL DE MALIBÚ
2 CL DE BAILEY'S

Se prepara en coctelera, con hielo.
Agitar, colar y servir en copa de cóctel decorada con una guinda.

WHITE LAND

Para una persona

2 CL DE LECHE
1 CL DE PISANG
2 CL DE COINTREAU
2 CL DE WHISKY

Se prepara en coctelera, con hielo.
Agitar, colar y servir en copa de cóctel.
Se decora con una brocheta de guindas.

TAMOURE LIGHT

Para una persona

6 CL DE LECHE
1 CL DE LICOR DE FRESA
3 CL DE LICOR DE COCO
3 CL DE RON BLANCO

Se prepara en coctelera, con hielo.
Agitar, enérgicamente, colar y servir en vaso alto.
Se decora con una fresa y una hoja de menta.

PISANG AMBON
70 CL - 21% VOL
MALIBU
COINTREAU
SPÉCIAL
Liqueur
de
Bourgogne
Crème
de
PRUNEL
40° vol.
PASSOA
THE PASSION DRINK
aux fruits de la passion

AL LICOR

Los licores se elaboran a partir de tres elementos: alcohol (aguardientes seleccionados), vegetales (fruta, hierbas o cereales) y azúcar. Cuando son de calidad tienen una característica en común: el origen natural de todos sus componentes.

Su elaboración se lleva a cabo mediante sutiles operaciones, que permiten extraer las esencias aromáticas y coloreadas a las que todo licor que se precie debe su título de nobleza.

Nacen de la maceración, más o menos prolongada, de los vegetales en alcohol neutro (96°) o en aguardiente de 60°. El líquido resultante se somete a destilación. Muy a menudo, ambas operaciones se realizan concertadamente.

La proporción de azúcar no debe ser inferior a los 200 g por litro en las cremas y licores anisados.

Los licores tienen amplio uso en coctelería, dando lugar a mezclas que la maestría del barman puede convertir en pequeñas obras de arte, tan delicadas como vistosas.

AFTER-DINNER

Para una persona

2 GOLPES DE ZUMO DE LIMÓN
3 CL DE APRICOT BRANDY
3 CL DE CHERRY BRANDY

Se prepara en coctelera, con hielo.
Agitar, colar y servir en copa de cóctel con una corteza de limón.

AFTER MIDNIGHT

Para una persona

2 CL DE LICOR DE CAFÉ
3,5 CL DE GRAN MARNIER
1,5 CL DE NATA LÍQUIDA

Se prepara en coctelera, con hielo.
Agitar, colar y servir en copa de cóctel decorada con virutas de chocolate y guindas.

ARCO IRIS

Para una persona

2 CL DE GRANADINA
2 CL DE MARIE BRIZARD
2 CL DE CREMA DE MENTA
2 CL DE CHARTREUSE AMARILLO

Escanciar los ingredientes en una copa de coñac, en el orden que se indica y procurando que no se mezclen.

OBSERVACIÓN

El ARO IRIS, que vemos en la foto, es el precedente de los policromos combinados que se hacen en la actualidad.
Se prepara escanciando los elementos, en orden de densidad decreciente, sobre el dorso de la cucharilla, de manera que se deslicen por las paredes de la copa. Trabájese lentamente.

ANGEL´S KISS

Para una persona

4 CL DE CREMA DE CACAO
2 CL DE NATA LÍQUIDA

Se prepara directamente en copa de coñac, sin remover.

BESO DE AMOR

Para una persona

3 CL DE COINTREAU
3 CL DE NATA LÍQUIDA

Verter los ingredientes, sin mezclarlos, en una copa de coñac previamente enfriada con cubitos de hielo.

MIMOSO

Para una persona

3 CL DE ZUMO DE NARANJA
2 CL DE MARIE BRIZARD
2 CL DE LICOR DE MANDARINA

Se prepara en coctelera, con hielo.
Agitar, colar y servir en copa de cóctel.
Se decora con una rodaja de limón verde y una guinda en aguardiente.

BAIA

Para una persona

2,5 CL DE COINTREAU
2 CL DE APRICOT BRANDY
1 CL DE AMARETTO
0,5 CL DE LICOR DE CAFÉ

Se prepara en vaso mezclador, con hielo.
Remover bien con la cucharilla y servir en copa de cóctel, con un gajo de albaricoque en el borde.

BOMBÓN

Para una persona

2 CL DE BÉNÉDICTINE
1,5 CL DE LICOR DE CAFÉ
1,5 CL DE LICOR
DE MELOCOTÓN
0,5 CL DE APRICOT BRANDY
1,5 CL DE NATA LÍQUIDA

Se prepara en coctelera, con hielo.
Agitar, colar y servir en copa de cóctel.

C & C ON THE ROCKS

Para una persona

3 CL DE CHARTREUSE VERDE
3 CL DE CHARTREUSE
AMARILLO

Se prepara directamente en vaso bajo, con hielo.

CASINO

Para una persona

3 CL DE PÊCHER MIGNON
1,5 CL DE SAFARI
1,5 CL DE AMARETTO
1,5 CL DE NATA LÍQUIDA

Se prepara en coctelera, con hielo.
Agitar enérgicamente, colar y servir en copa de cóctel.
Se decora con dos trozos de melocotón y una guinda.

CHARM

Para una persona

2 CL DE KAHLÚA
2 CL DE AMARETTO
2 CL DE NATA LÍQUIDA
2 CL DE COCONUT

Se prepara en batidora, con hielo picado.
Agitar, colar y servir en copa de cóctel espolvoreada con chocolate molido.

COCO DREAM

Para una persona

2 CL DE LICOR DE PLÁTANO
2 CL DE AMARETTO
2 CL DE LICOR DE COCO
2 CL DE NATA LÍQUIDA
1 GOLPE DE MIEL

Se prepara en coctelera, con hielo.
Agitar, colar y servir en copa de cóctel.
Se decora con virutas de chocolate amargo.

CASANDRA

Para una persona

1,5 CL DE SAFARI
1,5 CL DE CREMA DE MELOCOTÓN
2 CL DE GRANADINA
1 GOLPE DE JARABE DE FRESA
LEMON TONIC

Se prepara en coctelera, con hielo.
Agitar, colar y servir en copa de cóctel. Completar con la tónica.
Se decora con una rodaja de limón verde y una guinda.

CICERÓN

Para una persona

2 CL DE GRAND MARNIER
4 CL DE LICOR DE AVELLANA
2 GOLPES DE COÑAC

Se prepara en vaso mezclador, con hielo.
Remover con la cucharilla y servir en copa de cóctel.
Se decora con una corteza de naranja.

COROLA

Para una persona

2,5 CL DE ZUMO DE NARANJA
3 CL DE GRAND MARNIER
0,5 CL DE GINEBRA
1 GOLPE DE GRANADINA
GASEOSA

Se prepara en coctelera, con hielo.
Agitar, colar y servir en vaso alto.
Completar con gaseosa.
Se decora con corteza de naranja, una guinda y una ramita de menta.

DELICIA DEL BOSQUE

Para una persona

1 GOLPE DE ALMÍBAR DE CAÑA
1,5 CL DE LICOR DE MIRTILO
3 CL DE CHERRY BRANDY
2 CL DE GINEBRA

Se prepara en coctelera, con hielo.
Agitar, colar y servir en copa de cóctel decorada con una guinda en aguardiente.

GOLDFINGER

Para una persona

1,5 CL DE GRAND MARNIER
1 CL DE COÑAC
1 GOLPE DE JARABE DE MENTA
GINGER ALE

Se prepara en coctelera, con hielo.
Agitar, colar y servir en vaso alto.
Completar con ginger ale
Se decora con unas hojas de menta.

GRIMALDI

Para una persona

2 CL DE ZUMO DE PIÑA
2 CL DE PÊCHER MIGNON
2 CL DE SAFARI
0,5 CL DE CURAÇAO AZUL

Se prepara en coctelera, con hielo.
Agitar, colar y servir en copa de cóctel.
Se decora con una guinda y una corteza de limón.

INDEPENDENCIA

Para una persona

2 CL DE ZUMO DE PERA
1 CL DE ZUMO DE LIMÓN
2 CL DE COINTREAU
0,5 CL DE JARABE DE FRESA
CAVA

Se prepara en coctelera, con hielo.
Agitar, colar y servir en copa alta de cava. Completar con cava.
Se decora con una brocheta de fresas.

AMANECER

Para una persona

3 CL DE MALIBÚ
3 CL DE GRAND MARNIER
1,5 CL DE ZUMO DE LIMÓN
ZUMO DE PIÑA

Se prepara en coctelera, con hielo.
Agitar, colar y servir en vaso bajo. Completar con zumo de piña y añadir un golpe de granadina.

MIDNIGHT SUN

Para una persona

1 CL DE LICOR DE MELOCOTÓN
4 CL DE WHISKY ESCOCÉS
2 CL DE CHERRY BRANDY

Se prepara en vaso mezclador, con hielo.
Remover con la cucharilla y servir en copa de cóctel.
Se decora con una guinda en aguardiente.

LORITO

Para una persona

0,5 CL DE CAMPARI
1 CL DE COÑAC
2 CL DE LICOR DE FRESA
2,5 CL DE GRAND MARNIER
CAVA

Se prepara en coctelera, con hielo.
Agitar, colar y servir en copa de cava alta. Completar con cava.
Se decora con una rodaja de naranja.

MARIKO

Para una persona

2 CL DE PISANG
2 CL DE MALIBÚ
2 CL DE LECHE DE ALMENDRAS
2 CL DE NATA LÍQUIDA

Se prepara en batidora, con hielo picado.
Servir en copa de cóctel, adornada con una guinda roja y una rodaja de plátano pinchadas.

M/S FENNO EXPRESS

Para una persona

3 CL DE ZUMO DE LIMÓN
2 CL DE COINTREAU
3 CL DE AGUARDIENTE DE PERA
TÓNICA

Se prepara en coctelera, con hielo.
Agitar, colar y servir en vaso alto.
Completar con tónica.

PRESIDENT Nº 2

Para una persona

2 CL DE AMARETTO
2 CL DE COINTREAU
1,5 CL DE LICOR DE FRAMBUESA
CAVA BRUT

Se prepara en coctelera, con hielo.
Agitar, colar y servir en copa alta de cava. Completar con cava.
Se decora con algunas frambuesas.

PUNTO AZUL

Para una persona

2 CL DE ZUMO DE LIMÓN
2 CL DE ANISETE
2 CL DE CURAÇAO AZUL
SODA

Se prepara en coctelera, con hielo.
Agitar, colar y servir en copa redonda. Completar con soda.
Se decora con una corteza de limón, una rodaja de naranja, dos guindas y una ramita de menta.

SLABER

Para una persona

2 CL DE LICOR DE KIWI
2 CL DE CURAÇAO AZUL
1,5 CL DE LICOR DE PLÁTANO
0,5 CL DE ZUMO DE LIMÓN
0,5 CL DE ZUMO DE NARANJA
AGUA CON GAS

Se prepara en coctelera, con hielo.
Agitar, colar y servir en vaso alto.
Completar con el agua mineral.
Se decora con una rodaja de kiwi y una guinda.

JULEPE RICARD

Para una persona

HOJAS DE MENTA
1 GOLPE DE ALMÍBAR
6 CL DE RICARD

Se prepara directamente en vaso alto.
Poner en el fondo las hojas de menta y el almíbar. Machacarlas, añadir el Ricard y completar con hielo picado.
Se decora con hojas de menta, una rodaja de limón y una guinda en aguardiente.

SOL

Para una persona

3 CL DE SUZE
3 CL DE LICOR DE LICHI
1 CL DE ZUMO DE LIMÓN

Se prepara en coctelera, con hielo.
Agitar, colar y servir en copa de cóctel.
Se decora con un ramillete de menta y uno o dos lichis.

AL AGUARDIENTE

Los aguardientes son bebidas alcohólicas muy secas (de 40° a 70°) que se obtienen por destilación.

Cada país produce aguardiente a partir de sus cultivos nacionales: uva, ciruela, pera, manzana, frambuesa, remolacha...

En España, el aguardiente por antonomasia es el orujo, producido de la destilación de los residuos sólidos que quedan tras el prensado de la uva. Pero no ceden ante él en excelencia otros elixires justamente afamados, como el ojén, la cazalla, el monóvar o el chinchón.

Todas las regiones tienen sus especialidades y sus grandes marcas. la continua mejora de los métodos de destilación permite producir aguardientes extrafinos, que en no pocas ocasiones rozan las cimas de la perfección.

AUSTRIAN FRIENDSHIP

Para una persona

2 CL DE AGUARDIENTE DE PERA
2 CL DE LICOR DE MELOCOTÓN
2 CL DE MALIBÚ
1 CL DE CHERRY BRANDY
ZUMO DE PIÑA

Se prepara en coctelera, con hielo.
Agitar, colar y servir en vaso alto, con el borde escarchado.
Completar con zumo de piña.
Se decora con una brocheta de pera, melocotón y guindas en aguardiente.

BELVEDERE

Para una persona

3 CL DE CREMA DE MELOCOTÓN
1,5 CL DE AGUARDIENTE DE PERA
2 CL DE ZUMO DE NARANJA
0,5 CL DE ZUMO DE MANGO

Se prepara en coctelera, con hielo.
Agitar, colar y servir en vaso alto.

CLARO DE LUNA Nº 1

Para una persona

2 CL DE MARRASQUINO
4 CL DE AGUARDIENTE DE MIRABEL

Se prepara en coctelera, con hielo.
Agitar, colar y servir en copa de cóctel.
Se decora con una guinda

BAUTISTA

Para una persona

2 CL DE ZUMO DE PIÑA
3,5 CL DE APRICOT BRANDY
1,5 CL DE KIRSCH

Se prepara en coctelera, con hielo.
Agitar, colar y servir en copa de cóctel.
Se decora con media rodaja de piña y unas guindas en aguardiente

CHARLY COLLINS

Para una persona

1 CL DE GRANADINA
EL ZUMO DE MEDIO LIMÓN
4 CL DE KIRSCH
SODA O TÓNICA

Se prepara directamente en vaso alto, con hielo.
Mezclar bien y completar con soda o tónica.

DUDÚN

Para una persona

4 CL DE MARC DE CHAMPAGNE
1,5 CL DE MANDARINA IMPERIAL
1,5 CL DE LICOR DE FRESA

Se prepara en coctelera, con hielo.
Agitar, colar y servir en copa de cóctel.
Se decora con una fresa pinchada entre dos gajos de mandarina.

DESTELLO

Para una persona

¼ DE TERRÓN DE AZÚCAR EMPAPADO EN ANGOSTURA
1 CL DE AGUARDIENTE DE FRAMBUESAS
1 CL DE AMARETTO
CAVA

Se prepara directamente en copa alta de cava.
Machacar el azúcar en el fondo de la copa, mezclar los ingredientes con la cucharilla y servir.
Se decora con una guinda.

PODIO

Para una persona

0,5 CL DE CURAÇAO AZUL
1 CL DE ZUMO DE PIÑA
2 CL DE LICOR DE PLÁTANO
3 CL DE AGUARDIENTE DE PERA

Se prepara en coctelera, con hielo.
Agitar, colar y servir en copa de cóctel.

PECHING MEADOW

Para una persona

2 CL DE LICOR DE PERA
3,5 CL DE CREMA DE MELOCOTÓN
1,5 CL DE SAFARI

Se prepara en coctelera, con hielo.
Agitar, colar y servir en copa de cóctel.
Se decora con una brocheta formada por un gajo de pera y una guinda.

PRESTIGIO

Para una persona

3 CL DE ZUMO DE PERA
3 CL DE AGUARDIENTE DE PERA
1 CL DE CREMA DE MORAS

Se prepara en coctelera, con hielo.
Agitar, colar y servir en copa de cóctel.
Se decora con una rodaja de pera y una brocheta de moras en el borde de la copa.

ROSA IMPERIAL

Para una persona

2 CL DE COINTREAU
1,5 CL DE MANDARINA IMPERIAL
3 CL DE KIRSCH
0,5 CL DE NATA LÍQUIDA
1 GOLPE DE JARABE DE FRESA

Se prepara en coctelera, con hielo.
Agitar, colar y servir en copa de cóctel, decorada con cuatro guindas en aguardiente formado brocheta.

ROSETA

Para una persona

3 CL DE KIRSCH
1,5 CL DE MARRASQUINO
2 CL DE CREMA DE GUINDAS

Se prepara en vaso mezclador, con hielo.
Remover con la cucharilla y servir en copa de cóctel.

SOL DE MEDIANOCHE

Para una persona

2 CL DE NÉCTAR DE MELOCOTÓN
0,5 CL DE LICOR DE FRESA
2 CL DE AMARETTO
2 CL DE LICOR DE FRAMBUESAS

Se prepara en coctelera, con hielo.
Agitar, colar y servir en copa de cóctel.
Se decora con una brocheta de fresas y frambuesas.

SNOW HELVETIA

Para una persona

3 CL DE CASSIS
1,5 CL DE AGUARDIENTE DE FRAMBUESAS
2 CL DE NATA LÍQUIDA
1 GOLPE DE GRANADINA

Se prepara en coctelera, con hielo.
Agitar, enérgicamente, colar y servir en copa de cóctel.
Se decora con una brocheta de fresas y frambuesas puesta en el fondo de la copa.

ROYALTY

Para una persona

4 CL DE LICOR DE CHOCOLATE BLANCO
1,5 CL DE AGUARDIENTE DE PERA
1,5 CL DE ZUMO DE POMELO

Se prepara en coctelera, con hielo.
Agitar, colar y servir en copa de cóctel.
Se decora con unas hojitas de menta y un lichi.

SENSACIONES

Para una persona

1,5 CL DE AGUARDIENTE DE FRAMBUESAS
1,5 CL DE APRICOT BRANDY
3,5 CL DE ZUMO DE FRUTO DE LA PASIÓN
0,5 CL DE CAMPARI

Se prepara en coctelera, con hielo.
Agitar, colar y servir en vaso bajo con unos cubitos de hielo.
Se decora con una brocheta de frambuesas y albaricoque.

TRIMARÁN

Para una persona

4 CL DE AGUARDIENTE DE PERA
2 CL DE COINTREAU
1 CL DE ZUMO DE LIMÓN VERDE

Se prepara en coctelera, con hielo.
Agitar, colar y servir en copa de cóctel.
Se decora con una corteza de limón.

AL CALVADOS

El calvados es un aguardiente de sidra, con denominación controlada de origen, que se elabora en la región francesa de Normandía, en una zona que toma al parecer su nombre de un buque náufrago de la Armada Invencible, el *Calvados* o *Salvador*.
La sidra se obtiene de una variedad local de manzanas que, prensadas o raspadas, dan un zumo que tras un mes de fermentación alcanza alrededor de los 4°.
Esa sidra se destila de manera análoga al coñac, con iguales métodos y alambiques.
De una primera destilación se obtiene un brebaje de aproximadamente 25°, que se vuelve a destilar. Tras la separación de los productos llamados «de cabeza» (que tienen unos 70°) y los productos «de cola» (de unos 17°) queda un aguardiente de 60°: el calvados, que se deja envejecer en barricas de roble.
Es un excelente digestivo, tanto por sus virtudes gustativas como por su aroma. Si bien en su tierra de origen tienen la costumbre de tomarlo entre plato y plato (el llamado *trou normand*, famoso en Francia), para facilitar las secreciones gástricas y estimular el apetito, también se bebe como digestivo, lo que sin duda es más aconsejable para organismos menos poderosos que los normandos.

APPLE JACK

Para una persona

EL ZUMO DE UN LIMÓN
5 CL DE CALVADOS
1 CL DE GRANADINA

Se prepara en coctelera, con hielo. Agitar, colar y servir en copa de cóctel adornada con media rodaja de manzana.

OBSERVACIÓN
En la coctelería es conveniente emplear jarabes de vivos colores que proporcionen a los combinados mayor atractivo visual.

APPLE JACK Nº 1

Para una persona

3 CL DE CURAÇAO ROJO
3 CL DE CALVADOS
EL ZUMO DE 1/2 LIMÓN

Se prepara en coctelera, con hielo.
Agitar, colar y servir en copa doble de cóctel.
Se decora con media rodaja de limón.

BRETAÑA

Para una persona

3 CL DE CALVADOS
1,5 CL DE APRICOT BRANDY
0,5 CL DE GRANADINA

Se prepara en coctelera, con hielo.
Servir en copa de coñac, con un corteza de naranja, una guinda y una hoja de menta.

DARLING

Para una persona

4 CL DE CALVADOS
3 CL DE CHERRY BRANDY

Se prepara en vaso mezclador, con hielo.
Remover con la cucharilla y completar con zumo de manzana.
Se decora con un gajo de manzana y una guinda.

JAZZ BAJO EL MANZANO

Para una persona

1,5 CL DE ZUMO DE MANZANA
1,5 CL DE ZUMO DE ALBARICOQUE
0,5 CL DE ZUMO DE LIMÓN
3 CL DE CALVADOS
1 GOLPE DE GRANADINA

Se prepara en coctelera, con hielo.
Agitar bien, colar y servir en copa de cóctel, escarchada con granadina.
Se decora con una brocheta formada por un gajo de albaricoque,una guinda y un gajo de manzana.

VOLUPTUOSIDAD

Para una persona

2 CL DE CALVADOS
3 CL DE GRAN MARNIER
1,5 CL DE OPORTO BLANCO
0,5 CL DE GRANADINA

Se prepara con vaso mezclador, con hielo.
Servir en copa de cóctel, de corada con una uva verde.

MARTINI
ROSSO
MARTINI
REGISTERED TRADE MARK
MARTINI
ROSSO
MARTINI
MARTINI
DRY
PRODUCT OF FRANCE
NP

AL VERMUT

La palabra «vermut» deriva del alemán **Wermuth**, que significa ajenjo. Designa un aperitivo inventado en el siglo XVIII por los italianos a partir de una mezcla de vinos, principalmente blancos, en los que se maceran raíces, cortezas, flores y frutos de plantas aromáticas.

La mezcla de vinos de base y plantas se deja en reposo durante dos meses, pasados los cuales se agrega alcohol para obtener la graduación deseada y se deja envejecer en barricas de roble durante un mínimo de cinco o seis meses.

El resultado no debe tener mucha graduación, como tampoco ser demasiado amargo ni perfumado en exceso.

Los vermuts italianos se dividen en:

– **Secco**, con 18° y una proporción de azúcar de 40 g por litro.

– **Bianco**, con 17° y una proporción de azúcar de 100 g a 150 g por litro.

– **Rosso**, con 16° o 17° y una proporción de azúcar de 150 g. por litro.

ADONIS

Para una persona

1 GOLPE DE ANGOSTURA
3 CL DE JEREZ
3 CL DE MARTINI ROJO

Se prepara en vaso mezclador, con hielo.
Remover con la cucharilla y servir en copa de cóctel.

BA-BU

Para una persona

2 CL DE AGUARDIENTE DE PERA
3 CL DE LICOR DE FRESA
2 CL DE NOILLY PRAT

Se prepara en vaso mezclador, con hielo.
Remover y servir en copa de coñac.
Se decora con una rodaja de naranja.

CAPRI

Para una persona

2 CL DE BÉNÉDICTINE
4 CL DE VERMUT SECO
2 CL DE ZUMO DE LIMÓN

Se prepara en coctelera, con hielo.
Agitar, colar y servir en copa de cóctel.
Se decora con una corteza de limón.

PALO DE ROSA

Para una persona

2 CL DE BÉNÉDICTINE
2 CL DE CASSIS
2 CL DE NOILLY PRAT

Se prepara en vaso mezclador, con hielo.
Remover bien y servir en tulipa, adornada con media rodaja de limón.

APRICOT

Para una persona

1,5 CL DE MARTINI SECO
1,5 CL DE MARTINI ROSADO
2 CL DE APRICOT BRANDY
2 CL DE GINEBRA TANQUERAY
1 GOLPE DE JARABE DE ALBARICOQUE

Se prepara en coctelera, con hielo.
Servir en copa de cóctel, con una rodaja de limón verde y una guinda.

CARDINAL

Para una persona

2 CL DE CAMPARI
2 CL DE NOILLY PRAT
2 CL DE GINEBRA GORDON'S

Se prepara directamente en vaso bajo, con hielo.
Exprimir dentro una corteza de limón antes de servir.

FILIPPO

Para una persona

2 CL DE CAMPARI
2 CL DE CURAÇAO
2 CL DE ZUMO DE POMELO
1 GOLPE DE CREMA DE MELOCOTÓN

Se prepara directamente en vaso alto, con hielo.
Se decora con un cuarto de rodaja de pomelo.

OBSERVACIÓN

Cuando indicamos que se pongan cubitos de hielo en la copa, nos referimos a los que se han usado en la coctelera o en el vaso mezclador.

CHERRY BI-BYRRH

Para una persona

4 CL DE BYRRH
2 CL DE CHERRY BRANDY

Se prepara en vaso mezclador, con hielo.
Mezclar bien y servir en copa de cóctel.
Se decora con una cáscara de limón.

HALF & HALF

Para una persona

3 CL DE NOILLY PRAT SECO
3 CL DE NOILLY PRAT ROJO

Se prepara en vaso mezclador, con hielo.
Remover bien y servir en copa de cóctel, decorada con una corteza de limón.

CHIVE

Para una persona

1 CL DE OPORTO BLANCO SECO
1 CL DE SUZE
1,5 CL DE MARTINI SECO

Se prepara en coctelera, con hielo.
Agitar, colar y servir en copa de cóctel decora con una corteza de limón.

COCTELERÍA

Para una persona

3 CL DE MARTINI SECO
2 CL DE GRAND MARNIER
1,5 CL DE CHERRY BRANDY
1 CL DE AMARETTO

Se prepara en vaso mezclador, con hielo.
Mezclar bien y servir en copa de cóctel.
Se decora con una corteza de limón.

MONTGOLFIER

Para una persona

EL ZUMO DE UN LIMÓN
1,5 CL DE SUZE
1,5 CL DE NOILLY PRAT
TÓNICA

Se prepara directamente en vaso alto con hielo.
Mezclar y completar con tónica.
Se decora con una rodaja de limón.

PAMPETINI

Para una persona

2 CL DE RON BLANCO
2 CL DE MARTINI BLANCO
2 CL DE MARTINI SECO
2 CL DE CAMPARI

Se prepara en vaso mezclador, con hielo.
Remover con cucharilla y servir en copa de cóctel con una corteza de limón.

BARRIO LATINO

Para una persona

2 GOLPES DE CURAÇAO ROJO
3 CL DE CAMPARI
3 CL DE SAINT-RAPHAËL ROJO

Se prepara en vaso mezclador, con hielo.
Mezclar con la cucharilla y servir en vaso bajo con dos cubitos de hielo.

LITTLE PRINCESS

Para una persona

3 CL DE VERMUT ROJO
3 CL DE VERMUT SECO

Se prepara en vaso mezclador, con hielo.
Remover con la cucharilla y servir en copa de cóctel, sin decoración.

OBSERVACIONES

Recuérdese que siempre se debe lavar el hielo.
Las marcas que figuran en algunas fórmulas son las mismas que se emplearon para su creación.

ABISMO DE AMOR

Para una persona

3 CL DE CAMPARI
2 CL DE CREMA DE MELOCOTÓN
1,5 CL DE NÉCTAR DE MELOCOTÓN
0,5 CL DE ZUMO DE LIMÓN

Se prepara en coctelera, con hielo.
Agitar, colar y servir en copa de cóctel decorada con una rodaja de melocotón.

RED SUNSHINE

Para una persona

4 CL DE NOILLY PRAT
1 CL DE CHERRY BRANDY
1,5 CL DE VODKA MOSKOWSKAYA

Se prepara directamente en vaso alto, con mucho hielo.
Se puede decorar con una rodaja de limón y una guinda.

RICHARD COBBLER

Para una persona

1 GOLPE DE ALMÍBAR
2 GOLPES DE PASTIS
6 CL DE VERMUT

Se prepara directamente en vaso alto, lleno de hielo picado. Escanciar los ingredientes, añadir fruta de estación y remover con la cucharilla.

ROBERTO

Para una persona

2 CL DE AMARETTO
4 CL DE MARTINI SECO
EL ZUMO DE ½ LIMÓN

Se prepara en vaso mezclador, con hielo.
Remover bien con la cucharilla y servir en copa de cóctel.

CÓCTEL ROSA

Para una persona

1 GOLPE DE CHERRY BRANDY
4 CL DE MARTINI SECO
2 CL DE KIRSCH

Se prepara en vaso mezclador, con hielo.

Servir en copa de cóctel decorada con una brocheta de guindas.

SWEET MEMORIES

Para una persona

2 CL DE CURAÇAO AZUL
2 CL DE NOILLY PRAT
2 CL DE RON BLANCO

Se prepara en coctelera, con hielo.
Agitar, colar y servir en copa de cóctel.

STADO

Para una persona

3 CL DE MARTINI ROJO
2 CL DE WHISKY J&B
1 CL DE COÑAC
1 CL DE CURAÇAO

Se prepara en coctelera, con hielo.
Agitar, colar y servir en copa de cóctel.
Se decora con dos guindas y una corteza de naranja.

TAMPICO

Para una persona

2 CL DE CAMPARI
2 CL DE COINTREAU
2 CL DE ZUMO DE LIMÓN
TÓNICA

Se prepara directamente en vaso alto, con hielo.
Mezclar y completar con tónica.

TIPPERARY

Para una persona

2 CL DE MARTINI SECO
2 CL DE CHARTREUSE VERDE
2 CL DE WHISKY IRLANDÉS

Se prepara en coctelera, con hielo.
Agitar, colar y servir en copa de cóctel.

VERMUT CASSIS

Para una persona

1 CL DE CASSIS
5 CL DE MARTINI SECO
SODA

Se prepara directamente en vaso bajo, con hielo.
Mezclar bien y completar con soda.

VICTORIA

Para una persona

2 CL DE MARTINI BLANCO
1 CL DE MANDARINA IMPERIAL
2 CL DE GINEBRA BOMBAY
1 GOLPE DE GRANADINA

Se prepara en coctelera, con hielo.
Agitar, colar y servir en copa de cóctel adornada con media rodaja de naranja y media de limón.

TROPICAL

Para una persona

1,5 CL DE MARRASQUINO
1,5 CL DE CREMA DE CACAO
3 CL DE NOILLY PRAT
1 GOLPE DE BÍTER NARANJA

Se prepara en coctelera, con hielo.
Agitar, colar y servir en copa de cóctel.

CHAMPAGNE

AL CAVA Y OTROS VINOS

La vid ha estado presente desde tiempos inmemoriales en la región de Champaña: cerca de Sézanne dans la Marne, en sedimentos del período terciario, se han hallado hojas de vid fósiles. Su cultivo se conocía en las Galias 500 años antes de Cristo, y tras la romanización se desarrolló gracias al clero y las órdenes religiosas.

La denominación «Champagne» sólo está autorizada para los vinos elaborados con uvas procedentes de cepas debidamente controladas y censadas de la Champaña vitivinícola, sometidas a podas reglamentarias y a un rendimiento límite por hectárea.

Este vino debe sus virtudes al suelo muy calcáreo, al clima y a las tres cepas autorizadas (**pinot noir** y **pinot meunier**, de uva negra, y **chardonnay**, de uva blanca) que tienen en común su precocidad y vigor, que aportan a los mostos una buena proporción de azúcar y a los caldos una finura y aroma incomparables.

Las cepas se podan en febrero o marzo, según ordena la legislación. La vendimia se efectúa unos 100 días después de la floración, lo que corresponde a la segunda quincena de septiembre.

DESCORCHE Y SERVICIO DEL CAVA

(Según las normas de la *Sommelerie Française*)

— Se pone la botella en una cubeta llena con una mezcla de agua y hielo. Se puede acelerar el enfriamiento añadiendo un puñado de sal gruesa.

— La botella se cubre parcialmente con una servilleta blanca, procurando que la etiqueta no quede oculta: es la firma del productor.

— Se coge por la base, nunca por el gollete.

— A continuación, se inclina ligeramente y se quita el aro al precinto de estaño.

— Se endereza y abre el precinto de alambre.

— Se sacan ambos a la vez.

— Se sujeta el cuerpo de la botella con una mano, con la otra se coge el corcho, con el pulgar hacia arriba y los demás dedos alrededor del gollete.

— Si el corcho se resiste, se hace girar la botella sujetándola por la base.

— Antes de servir, se seca el gollete con una servilleta limpia o con el mismo borde del corcho.

— Es conveniente oler el corcho para verificar el estado del cava.

— Las copas, altas o bajas, no se llenan más que hasta los $^{2}/_{3}$ de su capacidad, como máximo. Esta operación se realiza en una o varias veces, según el tamaño de la copa y la cantidad de espuma.

— El camarero profesional cogerá la botella por el fondo, con el pulgar dentro de la base y los dedos rodeándola en abanico.

— La copa baja y ancha es poco recomendable, pues en ella se dispersan los aromas del cava. Es en copa alta *(flûte)* donde se aprecian en toda su riqueza los matices de un buen cava. Las columnas de burbujas ascienden elegantemente, y los aromas quedan cautivos en la estrechez de la copa.

— Las copas deben ser cuidadosamente lavadas y enjuagadas, para que no quede ningún olor.

— Jamás se debe beber el cava con hielo: es un auténtico sacrilegio.

— Otro tanto puede decirse de las varillas agitadoras: su empleo destruye en un instante el trabajo de años.

— No es de buen tono invertir en la cubeta las botellas vacías.

AMARIUS

Para una persona

3 CL DE ZUMO DE NARANJA
1 CL DE LICOR DE FRESA
1 CL DE AMARETTO
1 CL DE VODKA
CAVA

Se prepara en coctelera, con hielo.
Agitar, colar y servir en copa alta de cava.
Completar con el cava.

BAHÍA

Para una persona

2 CL DE APRICOT BRANDY
1 CL DE NÉCTAR DE PLÁTANO
1 CL DE ZUMO DE ALBARICOQUE
1 GOLPE DE ZUMO DE LIMÓN
CAVA

Se prepara en coctelera, con hielo.
Agitar, colar y servir en copa baja de cava. Completar con cava.

CHAPOTEO ESPECIAL

Para una persona

2 CL DE COINTREAU
2 CL DE COÑAC
2 CL DE ZUMO DE NARANJA
2 CL DE ZUMO DE LIMÓN
CAVA

Se prepara en coctelera, con hielo.
Agitar, colar y servir en copa redonda. Completar con cava.

BUONAPARTE

Para una persona

2 CL DE ZUMO DE POMELO
0,5 CL DE CURAÇAO AZUL
1 CL DE MANDARINA IMPERIAL
CAVA BRUT

Se prepara en coctelera, con hielo.
Agitar, colar y servir en copa alta de cava. Completar con cava y terminar con un golpe de granadina.

CAVA CARITA

Para una persona

1 YEMA DE HUEVO
2 CL DE COINTREAU
2 CL DE ARMAGNAC
1 CUCHARADA DE MIEL
CAVA

Se prepara en coctelera, con hielo.
Agitar, colar y servir en copa de fizz. Completar con cava.

Existe la creencia de que este cóctel posee virtudes afrodisiacas.

CLARO DE LUNA Nº 2

Para una persona

2,5 CL DE ZUMO DE NARANJA
1 CL DE CAMPARI
1 CL DE VODKA
1 CL DE CREMA DE FRAMBUESA
CAVA

Se prepara en coctelera, con hielo.
Agitar bien, colar y servir en copa alta de cava.
Se decora con una rodaja de naranja y un racimo de grosellas.

CRISTAL

Para una persona

0,5 CL DE ZUMO DE LIMÓN
2,5 CL DE CREMA DE MELOCOTÓN
1,5 CL DE BOURBON FOUR ROSES
CAVA

Se prepara en coctelera, con hielo.
Agitar, colar y servir en copa alta de cava. Completar con cava brut.
Se decora con una guinda al marrasquino.

CHAMPAGNE PICK-ME-UP

Para una persona

2 GOLPES DE GRANADINA
EL ZUMO DE ½ LIMÓN
3 CL DE COÑAC
CAVA

Se prepara en coctelera, con hielo.
Agitar, colar y servir en copa de fizz. Completar con cava.

CAVA A LA FRUTA

Para una persona

4 CL DE ZUMO DE FRUTA
1 GOLPE DE LICOR DE FRESA
8 CL DE CAVA BRUT

Se prepara directamente en copa alta de cava.
Poner el zumo y escanciar el cava despacio sobre las paredes de la copa. Terminar con el licor de fresa.

DAY DREAM

Para una persona

1 CL DE ZUMO DE UVA BLANCA
1 CL DE MARTINI SECO
0,5 CL DE CURAÇAO AZUL
1,5 CL DE GINEBRA
CAVA

Se prepara en coctelera, con hielo.
Agitar, colar y servir en copa alta de cava. Completar con cava.
Se decora con una fresa y una rodaja de kiwi, pinchadas y puestas en el borde de la copa.

LAFAYETTE

Para una persona

3 GOLPES DE CURAÇAO ROJO
2 CL DE ZUMO DE PIÑA
2 CL DE ZUMO DE POMELO
CAVA

Se prepara en coctelera, con hielo.
Agitar, colar y servir en tulipa. Completar con cava.

GOLDEN GATE

Para una persona

2 CL DE ZUMO DE FRUTO DE LA PASIÓN
1 CL DE COINTREAU
1 CL DE PEACH BRANDY
2 GOLPES DE COÑAC
CAVA

Se prepara en coctelera, con hielo.
Agitar, colar y servir en copa alta de cava. Completar con cava.
Se decora con media rodaja de limón y una guinda.

FESTIVAL SUN

Para una persona

1 GOLPE DE CASSIS
1 GOLPE DE ZUMO DE LIMÓN
2 CL DE CHERRY BRANDY
4 CL DE GINEBRA
CAVA BRUT

Se prepara directamente en vaso alto, con el borde escarchado de cassis. Completar con cava.
Se decora con una brocheta de guindas, una rodaja de naranja y otra de limón.

DIABLILLO

Para una persona

0,5 CL DE LICOR DE PERA
1,5 CL DE MARIE BRIZARD
1,5 CL DE LICOR DE FRESA
4 CL DE GINEBRA
CAVA BRUT

Se prepara en coctelera, con hielo.
Agitar, colar y servir en copa alta de cava. Completar con cava.
Se decora con una fresa en el borde de la copa.

GOLDEN MOON

Para una persona

0,5 CL DE ZUMO DE POMELO
2 CL DE APRICOT BRANDY
1,5 CL DE ZUMO DE PIÑA
CAVA

Se prepara en coctelera, con hielo.
Agitar, colar y servir en copa alta de cava. Completar con cava.

EDWIN ALDRIN COLLINS

Para una persona

2 GOLPES DE PASTIS
2 CL DE BOURBON
CAVA BRUT

Se prepara directamente en copa alta de cava.
Se decora con una corteza de limón.

NEIL ARMSTRONG COLLINS

Para una persona

EL ZUMO DE ½ POMELO
2 CL DE COÑAC
CAVA SEMISECO

Se prepara en directamente en copa alta de cava, adornada con una rodaja de naranja

NOTA HISTÓRICA
El 21 de julio e 1969, a las 3:56 h, miembros de la Asociación de Barmen de Francia crearon en París estas dos fórmulas en homenaje a los primeros hombres que pisaron la Luna: su memoria perdurará en los libros de Historia y en los bares.

FRENCH CANCAN

Para una persona

3 CL DE ZUMO DE NARANJA
2 CL DE LICOR DE FRESA
2 CL DE COÑAC
CAVA

Se prepara en coctelera, con hielo.
Agitar, colar y servir en copa alta de cava. Completar con cava.

PARISIENNE SLING

Para una persona

1,5 CL DE CREMA DE MELOCOTÓN
0,5 CL DE COINTREAU
1,5 CL DE PISCO
1 CL DE SAINT-RAPHAËL
0,5 CL DE ZUMO DE LIMÓN
GRANADINA
CAVA BRUT

Se prepara en coctelera, con hielo.
Agitar, colar y servir en copa alta de cava. Terminar con dos golpes de granadina y completar con cava.

PANAM

Para una persona

EL ZUMO DE UN LIMÓN
1 CL DE COINTREAU
1 CL DE GRAND MARNIER
1 CL DE RON JAMAICANO
CAVA

Se prepara en coctelera, con hielo.
Agitar, colar y servir en copa alta de cava. Completar con cava.
Se decora con una piel de pepino.

PARIS GO!

Para una persona

1,5 CL DE ZUMO DE FRUTA TROPICAL
2 CL DE MANDARINA IMPERIAL
1 CL DE COÑAC
CAVA

Se prepara en coctelera, con hielo.
Agitar, colar y servir en copa alta de cava. Completar con cava.

RUE ROYALE

Para una persona

4 CL DE CREMA
DE FRAMBUESA
2 CL DE ARMAGNAC
CAVA

Se prepara en coctelera, con hielo. Agitar, colar y servir en copa alta de cava. Completar con cava.

OBSERVACIONES

Las copas de cava deben lavarse y enjuagarse cuidadosamente para que no queden olores.
El cava jamás se bebe con hielo, si no es en cóctel.

RENDEZ-VOUS

Para una persona

2 CL DE LICOR DE PLÁTANO
4 CL DE LICOR DE MANDARINA
CAVA

Se prepara directamente en copa alta de cava. Completar con cava.

TRAMONTO SUL GARDA

Para una persona

3 CL DE GINEBRA
1,5 CL DE COINTREAU
2 CL DE ZUMO DE POMELO
CAVA BRUT

Se prepara en coctelera, con hielo.
Agitar, colar y servir en copa alta de cava. Completar con cava y decorar con un cuarto de rodaja de pomelo rosa y una fresa.

VALENCIA

Para una persona

1 GOLPE DE CAMPARI
2 CL DE ZUMO DE NARANJA
2 CL DE APRICOT BRANDY
CAVA BRUT

Se prepara en coctelera, con hielo.
Agitar, colar y servir en copa de fizz, completando con cava.
Se decora con una corteza de limón y otra de naranja.

VÉRTIGO

Para una persona

1,5 CL DE GRAND MARNIER
0,5 CL DE AGUARDIENTE DE PERA
1 GOLPE DE ZUMO DE LIMÓN
CAVA

Se prepara en coctelera, con hielo.
Agitar, colar y servir en copa alta de cava. Completar con cava.

AL OPORTO

UN POCO DE HISTORIA

El cultivo de la vid en el valle del Alto Douro (Portugal) se remonta a la ocupación romana. En esa época, el vino del Douro, que aún no se encabezaba (es decir, no se le añadía aguardiente), era más bien áspero, carecía de la sutileza que hoy en día posee y soportaba mal los traslados.

En el siglo XVIII, los mercaderes ingleses tuvieron la ocurrencia de incorporar al vino algo de aguardiente para ayudarlo a viajar. El éxito que tuvo el invento en Gran Bretaña fue tan inmediato como considerable.

Durante la segunda mitad del siglo XVIII más del 70% del vino que importaba el Reino Unido era de Oporto: respondía perfectamente a la británica afición por los vinos generosos.

LUCKY INGRID

Para una persona

3 CL DE OPORTO TINTO
1 CL DE AMARETTO
2 CL DE COÑAC

Se prepara en vaso mezclador, con hielo.
Remover con la cucharilla y servir en copa de cóctel, decorada con una rodaja de naranja.

PORTO COBBLER

Para una persona

3 GOLPES DE CURAÇAO ROJO
1 GOLPE DE MARRASQUINO
3 GOLPES DE ZUMO DE NARANJA
6 CL DE OPORTO

Se prepara directamente en vaso alto, con hielo picado y decorado con fruta de estación.
Se toma con pajita y se presenta con una cucharilla.

MELIFLEA

Para una persona

0,5 CL DE GINEBRA OLD LADY'S
4 CL DE OPORTO BLANCO SECO
0,5 CL DE APRICOT BRANDY
1 GOLPE DE ZUMO DE LIMÓN VERDE

Se prepara en coctelera, con hielo.
Agitar, colar y servir en copa de cóctel, decorada con una corteza de limón verde.

AL JEREZ

ALFONSO

Para una persona

3 CL DE SAINT-RAPHAËL ROJO
3 CL DE JEREZ SECO

Se prepara en coctelera, con hielo.
Agitar, colar y servir en copa de cóctel.

BRASIL

Para una persona

1 GOLPE DE ANGOSTURA
3 GOLPES DE PERNOD
3 CL DE MARTINI SECO
3 CL DE JEREZ SECO

Se prepara en coctelera, con hielo.
Agitar, colar y servir en copa doble de cóctel.

CÓCTEL DE JEREZ

Para una persona

1 GOLPE DE BÍTER DE NARANJA (O DE ANGOSTURA)
5 CL DE JEREZ SECO

Se prepara directamente en vaso bajo, con uno o dos cubitos de hielo.

AMOR

Para una persona

1 GOLPE DE ANGOSTURA
2 GOLPES DE MARRASQUINO
5 CL DE JEREZ

Se prepara en vaso mezclador, con hielo.
Remover con la cucharilla y servir en catavinos.

CORONACIÓN

Para una persona

1 GOLPE DE MARRASQUINO
1 GOLPE DE CAMPARI
3 CL DE JEREZ
2 CL DE MARTINI SECO

Se prepara en vaso mezclador, con hielo.
Remover con la cucharilla y servir en copa de cóctel.

MONA SHERRY

Para una persona

3 CL DE JEREZ
CAVA

Se prepara directamente en copa alta de cava.
Escanciar el jerez y completar con cava.
Se decora con una guinda en aguardiente.

KARNEVAL

Para una persona

2 CL DE LICOR DE MELÓN
2 CL DE MALIBÚ
2 CL DE SHERRY CREAM
1 CUCHARADA DE COCO LÓPEZ

Se prepara en coctelera, con hielo.
Agitar, colar y servir en copa de cóctel decorada con un gajo de melón.

PRAIRIE OYSTER

Para una persona

1 YEMA DE HUEVO
1 CUCHARADA DE VINAGRE DE JEREZ
1 CUCHARADA DE SALSA INGLESA
1 CUCHARADA DE KETCHUP
3 CL DE JEREZ

Poner los ingredientes en copa de cóctel, sin remover.
Bébase tal cual.

Muy recomendable para recuperarse de una noche agitada.

SHERRY COBBLER

Para una persona

4 CL DE CURAÇAO ROJO
6 CL DE ZUMO DE NARANJA
JEREZ MÉDIUM

Se prepara directamente en copa de cóctel, con hielo y fruta de estación.
Poner los ingredientes en el orden que se indica y servir con una pajita.
Se decora con una rodaja de naranja y otra de limón.

AL VINO

BISHOP

Para una persona

EL ZUMO DE ½ LIMÓN
EL ZUMO DE ½ NARANJA
2 CL DE RON
BURDEOS TINTO

Se prepara directamente en vaso alto, con dos cubitos de hielo. Remover y servir, decorado con una rodaja de naranja.

MANCHESTER

Para una persona

2 GOLPES DE ANGOSTURA
1,5 CL DE CURAÇAO NARANJA
1,5 CL DE COÑAC
4 CL DE VINO BLANCO SECO

Se prepara en coctelera, con hielo.
Agitar, colar y servir en copa redonda.

PICON CLUB

Para una persona

2 CL DE AMER PICON
6 CL DE VINO BLANCO

Se prepara directamente en copa redonda.
Mezclar y servir muy frío.

JULEPE DE SAUTERNES

Para una persona

1 GOLPE DE ALMÍBAR
4 HOJAS DE MENTA
VINO DE SAUTERNES

Se prepara directamente en vaso largo, con hielo picado.
Poner sobre el hielo unas gotas de almíbar y tres hojas de menta machacadas y completar con sauternes bien frío. Añadir unos gajos de naranja.
Se decora con fruta y un ramillete de hojas de menta.

TROPIC

Para una persona

3 CL DE ZUMO DE POMELO
4 CL DE VINO BLANCO MUY SECO
1 CL DE BÉNÉDICTINE
1 CL DE ZUMO DE LIMÓN

Se prepara en coctelera, con hielo.
Agitar, colar y servir en copa de cóctel decorada con un cuarto de rodaja de pomelo.

KIR

Para una persona

2 CL DE DOBLE DE CREMA DE CASSIS
9 CL DE BORGOÑA BLANCO

Se prepara directamente en copa redonda.
Mezclar y servir bien fresco.

El KIR IMPERIAL se prepara sustituyendo el borgoña por cava brut. Se sirve en copa alta de cava.

AL COÑAC

Charentes, la región francesa cuna de este verdadero regalo de los dioses, produce seis grandes caldos que son, del más noble al más modesto:

Grande Champagne, Petite Champagne, Borderie, Fins bois, Bons bois, Bois ordinaires*. Sólo la producción de la Grande y la Petite Champagne se comercializa con denominación de origen. La denominación* ***fine Champagne*** *corresponde a una mezcla de* ***Grande Champagne*** *y* ***Petite Champagne*** *con, al menos, un 50% del primero.*

El coñac se obtiene mediante la lenta y cuidadosa destilación del vino cosechado en estas regiones, y su calidad viene determinada por el suelo, el clima y las cepas.

EMBAJADA

Para una persona

4 CL DE PINEAU DE CHARENTE
1,5 CL DE COÑAC
1,5 DE COINTREAU

Se prepara en vaso mezclador, con hielo.
Remover bien y servir en copa de cóctel.

AMÉRICA

Para una persona

1,5 CL DE ZUMO DE FRUTO DE LA PASIÓN
2 CL DE ZUMO DE PIÑA
1 CL DE MALIBÚ
3 CL DE COÑAC
1 GOLPE DE NATA LÍQUIDA

Se prepara en coctelera, con hielo.
Agitar, colar y servir en copa de cóctel decorada con dos guindas pinchadas en un gajo de piña.

AMERICAN CHASER

Para una persona

1,5 CL DE MARRASQUINO
1,5 CL DE COINTREAU
1,5 CL DE CHARTREUSE VERDE
1,5 CL DE COÑAC

Se prepara en coctelera, con hielo.
Agitar, colar y servir en copa de cóctel.

AFRIKA MEMORY

Para una persona

3 CL DE ZUMO DE POMELO
1,5 CL DE SAFARI
3 CL DE COÑAC
1 GOLPE E GRANADINA

Se prepara en coctelera, con hielo.
Agitar enérgicamente, colar y servir en copa de cóctel.

ENVEJECIMIENTO DEL COÑAC

Después de la destilación, el coñac joven es incoloro. Debe envejecer para que la edad matice su gusto y le dé aroma, atenuando de paso su fuerza alcohólica.
Ese añejamiento se hace en barricas de roble del Lemosín o el Allier, en oscuras bodegas con el suelo de tierra y cuyo grado de humedad está cuidadosamente vigilado.
Durante esos años, se operan en el caldo fenómenos de transformación y cambio.
Aproximadamente un 3% del alcohol se evapora cada año, lo que se compensa mediante un aporte anual de otro coñac. Dicha evaporación provoca la disolución de algunos componentes de la madera, entre ellos el tanino, responsable del hermoso color ambarino que presenta el producto final.

AMERICAN FIZZ

Para una persona

EL ZUMO DE 1/2 LIMÓN
4 CL DE COÑAC
2 CL DE GINEBRA
2 GOLPES DE GRANADINA
SODA

Se prepara en coctelera, con hielo.
Agitar, colar y servir en copa de fizz. Completar con soda.

APPETISER

Para una persona

5 GOLPES DE ANGOSTURA
3 GOLPES DE MARRASQUINO
4 CL DE COÑAC

Se prepara en vaso mezclador, con hielo.
Remover fuertemente y servir en copa de cóctel.

ANDALUCÍA

Para una persona

1 CL DE CAMPARI
1 CL DE CREMA
DE MELOCOTÓN
1 CL DE ZUMO DE NARANJA
1,5 CL DE ZUMO DE LIMÓN
3 CL DE COÑAC
TÓNICA

Se prepara en coctelera, con hielo.
Agitar, colar y servir en vaso bajo.

ARAGO

Para una persona

4 CL DE CREMA DE PLÁTANO
2 CL DE COÑAC
1 CL DE NATA LÍQUIDA

Se prepara en coctelera, con hielo.
Agitar bien, colar y servir en copa de cóctel.

ARCHIPIÉLAGO

Para una persona

2 CL DE KIBOWI
1 CL DE MANDARINA IMPERIAL
1 CL DE LICOR DE CHOCOLATE
2 CL DE COÑAC
1 GOLPE DE NATA LÍQUIDA

Se prepara en coctelera, con hielo.
Agitar, colar y servir en copa de cóctel, decorada con una guinda y una rodaja de kiwi.

BOSSOM CARESSER

Para una persona

1 YEMA DE HUEVO
2 CL DE CURAÇAO ROJO
4 CL COÑAC
1 GOLPE DE GRANADINA

Se prepara en coctelera, con hielo.
Agitar enérgicamente, colar y servir en copa de coñac.

BRANDY COBBLER

Para una persona

2 CL DE CURAÇAO ROJO
1 CL DE APRICOT BRANDY
4 CL DE COÑAC

Se prepara directamente en tulipa grande, con hielo picado y fruta del tiempo.
Se decora con una rodaja de naranja y una de limón
Se toma con pajita y se presenta con una cucharilla.

CARROL

Para una persona

2 CL DE MARTINI ROJO
4 CL DE COÑAC

Se prepara en vaso mezclador, con hielo.
Remover y servir en copa de cóctel.

BACARRÁ

Para una persona

1,5 CL DE BATIDA DE COCO
4 CL DE COÑAC
1 CL DE NATA LÍQUIDA
1 GOLPE DE LICOR DE MENTA VERDE

Se prepara en coctelera, con hielo.
Agitar, colar y servir en copa de cóctel con el borde escarchado de jarabe de menta.

BRANDY

Para una persona

2 CL DE GRAND MARNIER
4 CL DE COÑAC
1 GOLPE DE ANGOSTURA

Se prepara en vaso mezclador, con hielo.
Remover bien y servir en copa de cóctel.
Se decora con una corteza de limón.

CAVA DEL POBRE

Para una persona

1 CUCHARADA DE JARABE DE LIMÓN
4 CL DE COÑAC
SODA

Se prepara directamente en vaso alto, con hielo.
Mezclar bien y completar con soda.

CAFÉ GLACÉ

Para una persona

3 CL DE NATA LÍQUIDA
6 CL DE CAFÉ FRÍO
2 CL DE CREMA DE VAINILLA
2 CL DE COÑAC

Se prepara en coctelera, con poco hielo.
Poner los ingredientes en la coctelera y añadir azúcar de caña al gusto. Agitar enérgicamente y servir en vaso alto.
Se toma con pajita.

CERESIO

Para una persona

1,5 CL DE OPORTO ROJO
1,5 CL DE BÉNÉDICTINE
3 CL DE COÑAC

Se prepara en coctelera, con hielo.
Agitar, colar y servir en copa de cóctel.

CHARENTÉS

Para una persona

1 GOLPE DE ANGOSTURA
1 CL DE CURAÇAO NARANJA
2 CL DE PINEAU DE CHARENTE
3 CL DE COÑAC

Se prepara en vaso mezclador.
Remover y servir en vaso alto, con hielo.

CINDY

Para una persona

2 CL DE ZUMO DE PIÑA
0,5 CL DE ZUMO DE LIMÓN
2 CL DE CREMA
DE FRAMBUESA
2 CL DE COÑAC
1 GOLPE DE GRANADINA
CAVA BRUT

Se prepara en coctelera, con hielo.
Agitar, colar y servir en vaso alto.
Completar con cava.
Se decora con dos frambuesas pinchadas en un gajo de piña y media rodaja de limón.

COLIBRÍ

Para una persona

2 CL DE CREMA DE PLÁTANO
1 CL DE COINTREAU
0,5 CL DE LICOR DE MENTA
3,5 CL DE COÑAC V.S.O.P.

Se prepara en vaso mezclador, con hielo.
Remover con la cucharilla mezcladora y servir en copa alta de cava.

CREAM STORY

Para una persona

3,5 CL DE LECHE
2,5 CL DE COÑAC
1,5 CL DE AMARETTO
2 CUCHARADAS DE MIEL
1 CL DE NATA

Se prepara en coctelera, con hielo.
Agitar, colar y servir en vaso bajo.

CLÍO

Para una persona

2 CL DE ZUMO DE MELOCOTÓN
0,5 CL DE AMARETTO
0,5 CL DE ANISETE
2,5 CL DE COÑAC
CAVA

Se prepara en coctelera, con hielo.
Agitar, colar y servir en copa alta de cava. Completar con cava.
Se decora con una guinda pinchada en una corteza de naranja y una hoja de menta.

COVINO

Para una persona

3 CL DE NOILLY PRAT
3 CL DE COÑAC

Se prepara en vaso mezclador, con hielo.
Remover y servir en copa de coñac.
Se decora con una corteza de limón.

DAY AND NIGHT

Para una persona

4 CL DE GRAND MARNIER
2 CL DE COÑAC
1 GOLPE DE CAMPARI
CAVA

Se prepara en vaso mezclador, con hielo.
Remover y servir en copa alta de cava. Completar con cava.

DEVIL

Para una persona

1 GOLPE DE CURAÇAO VERDE
1 GOLPE DE PEPPERMINT
2 CL DE COÑAC
3 CL DE MARRASQUINO
1 PIZCA DE PIMIENTA
DE CAYENA

Se prepara en coctelera, con hielo.
Agitar, colar y servir en copa de cóctel.

EMBRUJO

Para una persona

1,5 CL DE SAFARI
2 CL DE CAMPARI
3,5 CL DE PINEAU
DE CHARENTE

Se prepara en vaso mezclador, con hielo.
Remover y servir en copa pilsener.
Se decora con lichis y hojas de menta.

EXOTISMO

Para una persona

2 CL DE LICOR DE PLÁTANO
2 CL DE SAFARI
3 CL DE COÑAC

Se prepara en coctelera, con hielo.
Agitar, colar y servir en copa de cóctel, con un golpe de jarabe de limón verde.

GÉNÉRIC

Para una persona

4 CL DE ZUMO DE PIÑA
1 CL DE MARRASQUINO
3 CL DE COÑAC

Se prepara en coctelera, con hielo.
Agitar, colar y servir en copa de cóctel.
Se decora con un gajo de piña.

HAPPY BIRTHDAY

Para una persona

1,5 CL DE LICOR DE PLÁTANO
1,5 CL DE AMARETTO
1,5 CL DE COÑAC
2,5 CL DE NATA LÍQUIDA

Se prepara en coctelera, con hielo.
Agitar, colar y servir en copa de cóctel.
Se decora con trocitos de nuez y virutas de chocolate.

FARAFINA

Para una persona

1,5 CL DE GRANADINA
0,5 CL DE ZUMO DE LIMÓN VERDE
1,5 CL DE AMARETTO
1 CL DE JARABE DE FRESA
3 CL DE COÑAC

Se prepara directamente en vaso alto, con hielo.
Mezclar con la cucharilla.
Se decora con una rodaja de limón verde, guindas y dos o tres hojas de menta.

GOLDEN SHAKER

Para una persona

2 CL DE OPORTO SECO
3 CL DE COÑAC
2 CL DE LICOR DE CHOCOLATE BLANCO

Se prepara en coctelera, con hielo.
Agitar, colar y servir en copa de cóctel.
Espolvorear con chocolate rallado.

HAPPY END

Para una persona

1 CL DE LICOR DE PLÁTANO
2 CL DE LICOR DE CAFÉ
4 CL DE COÑAC

Se prepara en coctelera, con hielo.
Agitar, colar y servir en copa de cóctel. Cubrir con nata ligeramente batida y espolvorear con café instantáneo.

HARRICANA

Para una persona

2 CL DE COINTREAU
1 CL DE APRICOT BRANDY
2 CL DE COÑAC V.S.O.P.

Se prepara en coctelera, con hielo.
Agitar, colar y servir en copa de cóctel.

FERRARI

Para una persona

1,5 CL DE AMARETTO
4 CL DE ZUMO DE NARANJA
1,5 CL DE COÑAC
1 GOLPE DE GRANADINA

Se prepara en coctelera, con hielo.
Agitar, colar y servir en vaso alto, con unos cubitos de hielo.
Se decora con una rodaja de naranja.

HARVARD

Para una persona

1 GOLPE DE CAMPARI
2 CL DE VERMUT DULCE
4 CL DE COÑAC

Se prepara en vaso mezclador, con hielo.
Remover con la cucharilla y servir.

GRAND PRIX

Para una persona

1,5 CL DE ZUMO DE PIÑA
1,5 CL DE SAFARI
2 CL DE COÑAC
1 GOLPE DE GRANADINA
CAVA BRUT

Se prepara en coctelera, con hielo y se sirve en copa alta de cava, escarchada de granadina.
Completar con cava y decorar con dos cortezas de limón.

BRANDY HORSE´S NECK

Para una persona

2 GOLPES DE ANGOSTURA
6 CL DE COÑAC
GINGER ALE

Se prepara directamente en vaso alto, con hielo.
Poner una espiral de limón en el vaso, dejando que sobresalga un poco del borde. Poner dos cubitos de hielo, la angostura y escanciar el coñac. Completar con ginger ale.

KAKÚN

Para una persona

3 CL DE ZUMO DE PIÑA
1 CL DE MARRASQUINO
1 CL DE LICOR DE CAFÉ
3 CL DE COÑAC
1 GOLPE DE GRANADINA

Se prepara en coctelera, con hielo.
Agitar, colar y servir en copa de cóctel decorada con dos fresas y dos guindas pinchadas en un gajo de naranja.

L'ALYSÉE

Para una persona

0,5 CL DE ZUMO DE LIMÓN
1,5 CL DE ZUMO DE FRUTO DE LA PASIÓN
1,5 CL DE LICOR DE MANDARINA
3,5 CL DE COÑAC

Se prepara en coctelera, con hielo.
Agitar, colar y servir en copa de cóctel decorada con gajos de mandarina.

INCREDIBLE

Para una persona

1 CL DE CHERRY BRANDY
1 CL DE CHARTREUSE VERDE
4 CL DE COÑAC

Se prepara en coctelera, con hielo.
Agitar, colar y servir en copa de cóctel.

ALSACIANA

Para una persona

2 CL DE LICOR DE CHOCOLATE BLANCO
2 CL DE AMARETTO
2 CL DE COÑAC
1 GOLPE DE NATA LÍQUIDA

Se prepara en coctelera, con hielo.
Agitar, colar y servir en copa de cóctel decorada con virutas de chocolate amargo.

OBSERVACIONES

TRES ESTRELLAS:
Esta denominación significa que el alcohol más joven que interviene en la composición de un coñac tiene una vejez mínima de 18 meses.

V.S.O.P. (VERY SUPERIOR OLD PALE):
Es el coñac que tiene una vejez al menos tres veces mayor que la mínima exigida para un Tres Estrellas.
No hace falta puntualizar que en algunos V.S.O.P. intervienen coñacs aún más añejos.

DUQUESNE

Para una persona

3 CL DE COÑAC
1,5 CL DE APRICOT BRANDY
2 CL DE ZUMO DE POMELO
1 GOLPE DE CASSIS
SODA

Se prepara en coctelera, con hielo.
Agitar, colar y servir en vaso bajo.
Completar con soda.
Se decora con una brocheta de guindas en aguardiente y un gajo de pomelo.

ROYALTI

Para una persona

2 CL DE PINEAU DE CHARENTE
2 CL DE CHERRY BRANDY
1 CL DE AMARETTO
1 CL DE COÑAC

Se prepara en coctelera, con hielo.
Agitar, colar y servir en copa de cóctel.
Se decora con dos guindas en aguardiente puestas en el fondo de la copa.

LEVIATÁN

Para una persona

1 GOLPE DE GRAND MARNIER
1,5 CL DE ZUMO DE NARANJA
1,5 CL DE VERMUT DULCE
3 CL DE COÑAC

Se prepara en coctelera, con hielo.
Agitar, colar y servir en copa de cóctel.

LOVE STORY Nº 1

Para una persona

1,5 CL DE ZUMO DE LIMÓN
1,5 CL DE CHARTREUSE AMARILLO
3 CL DE COÑAC
2 GOLPES DE ANGOSTURA

Se prepara en coctelera, con hielo.
Agitar, colar y servir en copa de cóctel.

MONTPELLIER

Para una persona

2 GOLPES DE AMER PICON
1,5 CL DE MOSCATEL
1,5 CL DE VERMUT SECO
3 CL DE COÑAC

Se prepara en coctelera, con hielo.
Agitar, colar y servir en vaso bajo, con un cubito de hielo.

MORRO ROJO

Para una persona

1 CL DE SAFARI
2 CL DE APRICOT BRANDY
4 CL DE COÑAC

Se prepara en coctelera, con hielo.
Agitar, colar y servir en copa de cóctel, con un albaricoque confitado en el borde.

MACADAM

Para una persona

2 CL DE VERMUT ROJO
1 CL DE RATAFÍA
4 CL DE COÑAC

Se prepara en coctelera, con hielo.
Agitar, colar y servir en vaso bajo, con un cubito de hielo.

MOONLIGHT SHADOW

Para una persona

2 CL DE KAHLÚA
2 CL DE COÑAC
2 CL DE NATA BATIDA

Se prepara en batidora, con hielo picado.
Servir en copa de cóctel, con borde escarchado de jarabe de limón. Espolvorear con cacao molido.

MISTERIO

Para una persona

2 CL DE SUZE
2 CL DE CAMPARI
2 CL DE COÑAC
HOJAS DE MENTA
1 HEBRA DE ENEBRO
SODA

Se prepara en vaso mezclador, con hielo.
Machacar las hojas de menta, añadir el hielo y los demás ingredientes y mezclar.
Servir en vaso alto y completar con soda.

NATHALY´S

Para una persona

1 CL DE MARTINI SECO
1 CL DE GRAND MARNIER
1 CL DE LICOR DE FRAMBUESA
3 CL DE COÑAC

Se prepara en coctelera, con hielo.
Agitar, colar y servir en copa de cóctel.
Se puede decorar el borde de la copa con una frambuesa pinchada en media rodaja de naranja.

NOCHE EN BLANCO

Para una persona

2 CL DE LICOR DE CAFÉ
1,5 CL DE AMARETTO
2,5 CL DE COÑAC
1 CL DE NATA LÍQUIDA

Se prepara en coctelera, con hielo.
Agitar, colar y servir en vaso bajo, espolvoreado con chocolate molido.
Se toma con pajita corta.

POUSSE-CAFÉ RAINBOW

Para una persona

1 CL DE GRANADINA
1 CL DE CREMA DE CACAO
1 CL DE MARRASQUINO
1 CL DE CREMA DE MENTA VERDE
1 CL DE COÑAC
1 CL DE CHARTREUSE VERDE

Se prepara directamente en catavinos alto y estrecho.
Verter los ingredientes muy despacio y en el orden que se indica, sobre el dorso de una cucharilla de café, de modo que se deslicen por la pared de la copa.

POUSSE L'AMOUR

Para una persona

1 YEMA DE HUEVO
2 CL DE CREMA DE CACAO
2 CL DE MARRASQUINO
2 CL DE COÑAC

Poner todo en una copa de cóctel y servir, sin agitar.

OBSERVACIÓN

Los POUSSE-CAFÉ son combinados cuyos ingredientes no se mezclan, quedando superpuestos. Por ello se escancian muy despacio, en orden de densidad decreciente.

SANTAFÉ

Para una persona

2 CL DE CREMA DE CASTAÑAS
2 CL DE NATA LÍQUIDA
2 CL DE COÑAC
2 GOLPES DE CREMA DE AVELLANAS

Se prepara en la batidora, con mucho hielo picado.
Batir rápidamente y servir en copa de coñac.

POUSSE-CAFÉ

Para una persona

2 CL DE CHARTREUSE AMARILLO
2 CL DE CHERRY BRANDY
2 CL DE COÑAC

Verter muy despacio los ingredientes en un catavinos alto y estrecho, siguiendo el orden que se indica.

RED LADY

Para una persona

2 CL DE LICOR DE FRESA
1,5 CL DE LICOR DE CHOCOLATE BLANCO
3 CL DE COÑAC
1 GOLPE DE LECHE CONCENTRADA

Se prepara en coctelera, con hielo.
Agitar, colar y servir en copa de cóctel espolvoreado de chocolate molido.

SARATOGA

Para una persona

2 GOLPES DE MARRASQUINO
1,5 CL DE ZUMO DE PIÑA
4 CL DE COÑAC
TÓNICA

Se prepara en coctelera, con hielo.
Agitar, colar y servir en copa de fizz. Completar con tónica.

SNIFF SNAIL

Para una persona

2 CL DE COINTREAU
1 CL DE CASSIS
1 CL DE ZUMO DE LIMÓN
2 CL DE ZUMO DE NARANJA
3 CL DE COÑAC

Se prepara en coctelera, con hielo.
Agitar bien, colar y servir en copa de cóctel, con una guinda al marrasquino.

SPEED

Para una persona

1 CL DE ZUMO DE NARANJA
1,5 CL DE ZUMO DE LIMÓN
3 CL DE APRICOT BRANDY
3 CL DE COÑAC

Se prepara en coctelera, con hielo.
Agitar, colar y servir en copa de cóctel.

SÃO PAULO
Para una persona

2 CL DE NATA LÍQUIDA
2 CL DE LICOR DE CAFÉ
2 CL DE COÑAC

Se prepara en coctelera, con hielo.
Agitar, colar y servir en copa de cóctel.

TORMENTÍN
Para una persona

1 CL DE LICOR DE MENTA
1 CL DE APRICOT BRANDY
3 CL DE COÑAC
TÓNICA

Se prepara directamente en vaso alto, con hielo.
Remover con la cucharilla mezcladora y completar con tónica.
Se decora con una guinda en aguardiente y media rodaja de naranja.

VUELO NOCTURNO
Para una persona

2 CL DE SAINT-RAPHAËL ROJO
1,5 CL DE CASSIS
1 CL DE ZUMO DE LIMÓN
2,5 CL DE COÑAC
1 GOLPE DE GRANADINA

Se prepara en coctelera, con hielo.
Agitar enérgicamente, colar y servir en copa de cóctel.

SUMMER IN MADEIRA
Para una persona

3 CL DE APRICOT BRANDY
3 CL DE COÑAC
1 CL DE GRANADINA
CAVA

Se prepara en coctelera, con hielo picado.
Agitar, colar y servir en copa alta de cava. Completar con cava.
Se decora con media rodaja de naranja y una guinda.

TRANSAT
Para una persona

2 CL DE MARRASQUINO
2 CL DE CHARTREUSE VERDE
2 CL DE COÑAC

Se prepara en coctelera, con hielo.
Agitar, colar y servir en copa de coñac.

CÉFIRO
Para una persona

1 CL DE LIMÓN VERDE
1,5 CL DE DOBLE CREMA DE CASSIS
1,5 CL DE CURAÇAO ROJO
3 CL DE COÑAC
CAVA

Se prepara en coctelera, con hielo.
Agitar, colar y servir en copa alta de cava. Completar con cava.
Se decora con unas grosellas.

monteleone

AL ARMAÑAC

El Armagnac es una región natural, con características específicas, dentro de la cuenca de Aquitania. Sus viñedos producen los vinos tintos del Lectourois y el Condomois, pero sobre todo blancos que se destilan para la producción del nunca bien ponderado aguardiente al que presta su nombre la región.
El armañac se elabora principalmente en el departamento de Gers.

Las zonas de producción son:
— El **Bas-Armagnac**, donde se producen los aguardientes más finos y de mayor calidad. Sus principales centros son Eauze, Nogaro y Villeneuve-de-Marsan.
— La **Ténarèse**, donde están Condom, Vic-Fezensac, Castelnau-d'Auzan, Aignan y Castelmore.
— El **Haut- Armagnac**, cuya capital es Auch.

Es el propio cosechero quien lleva a cabo la destilación, lenta y continua, que tiene lugar en alambiques constituidos por dos calderas superpuestas; una de ellas sirve para mantener el vino a temperatura constante, lo que garantiza la continuidad del proceso.

BICENTENARIO

Para una persona

2 CL DE LICOR DE FRESA
3 CL DE LICOR DE MELOCOTÓN
2 CL DE ARMAÑAC

Se prepara en coctelera, con hielo.
Agitar, colar y servir en copa de cóctel decorada con una brocheta de melocotón y fresas.

ERÓTIKA

Para una persona

3 CL DE ARMAÑAC
1,5 CL DE LICOR DE FRESA
1,5 CL DE ZUMO DE LIMÓN VERDE
1,5 CL DE ZUMO DE PIÑA

Se prepara en coctelera, con hielo.
Agitar, colar y servir en copa de cóctel decorada con una rodaja de limón verde y un gajo de piña.

FUEGO ROJO

Para una persona

2 CL DE CHERRY BRANDY
2 CL DE GRAND MARNIER
2 CL DE ARMAÑAC
EL ZUMO DE ½ LIMÓN

Se prepara en coctelera, con hielo.
Agitar enérgicamente, colar y servir en copa de cóctel.

MÉRIDA

Para una persona

0,5 CL DE SAFARI
1 CL DE LICOR DE CEREZA
4 CL DE ARMAÑAC
CANADA-DRY

Se prepara en coctelera, con hielo.
Agitar, colar y servir en vaso alto.
Completar con Canada-dry.
Se decora con guindas en aguardiente.

SARONNO, PER FAVORE

Para una persona

4 CL DE AMARETTO DI SARONNO
3 CL DE ARMAÑAC
1 GOLPE DE LICOR DE PLÁTANO

Se prepara directamente en vaso alto, con hielo.
Remover bien.
Se toma con pajita.

SHOGÚN

Para una persona

3 CL DE ZUMO DE MANGO
1 CL DE COINTREAU
1,5 CL CREMA DE ARÁNDANOS
2 CL DE ARMAÑAC
CAVA

Se prepara en coctelera, con hielo.
Agitar, colar y servir en copa alta de cava. Completar con cava.
Se decora con una rodaja de mango y unos arándanos.

A LA GINEBRA

La ginebra se elabora a partir de alcohol neutro (generalmente aguardiente de centeno o maíz) y bayas de enebro, que le da lo esencial de su gusto y aroma, más aromatizantes como coriandro, hinojo, corteza de retama, regaliz, almendras, piel de naranja, raíz de angélica, comino, anís...

Se distingue la **ginebra compuesta,** que se obtiene mediante la infusión en alcohol del enebro y los demás aromatizantes, y la **ginebra destilada**, que procede de la destilación directa de alcohol y enebro. Para el método de destilación más corriente, el London Dry, se emplean los tradicionales alambiques **potstill**, característicos por su gran altura (de siete a ocho metros). A la salida del alambique se obtiene un líquido de alta graduación alcohólica, que se reduce a 40° o 45° mediante la adición de agua desmineralizada. A partir de ese momento, la ginebra está lista para el embotellado.

Es uno de los pocos alcoholes que se pueden consumir prácticamente desde su salida de la cuba de mezcla. Aunque la edad no le añade virtudes, algunos fabricantes la dejan envejecer en barricas de roble a fin de darle un ligero tinte dorado.

APOLO

Para una persona

1 CL DE MARTINI SECO
2 CL DE GRAND MARNIER
3 CL DE GINEBRA

Se prepara en vaso mezclador. Remover con la cucharilla y servir en vaso bajo.
Se decora con una corteza de naranja.

BANANARAMA

Para una persona

1,5 CL DE ZUMO DE CEREZA
1 CL DE LICOR DE FRESA
2 CL DE NÉCTAR DE PLÁTANO
3 CL DE GINEBRA

Se prepara en coctelera, con hielo.
Agitar, colar y servir en copa de cóctel.
Se decora con rodajas de plátano, una fresa y una guinda.

BLOOD HOUND

Para una persona

1 CL DE MARTINI ROJO
1 CL DE MARTINI SECO
2 CL DE GINEBRA
2 GOLPES DE LICOR DE FRESA

Se prepara en coctelera, con hielo.
Agitar, colar y servir en copa doble de cóctel, con una fresa confitada en el borde.

ATOLL

Para una persona

1,5 CL DE NÉCTAR DE MELOCOTÓN
1,5 CL DE APRICOT BRANDY
1,5 CL DE LICOR DE FRESA
3 CL DE GINEBRA
1 GOLPE DE GRANADINA

Se prepara en coctelera, con hielo.
Agitar, colar y servir en vaso alto con cubitos de hielo. Se puede completar con tónica.
Se decora con una guinda y una rodaja de limón pinchadas.

BIJOU

Para una persona

1 GOLPE DE CAMPARI
2 CL DE COINTREAU
2 CL DE MARTINI SECO
2 CL DE GINEBRA

Se prepara en en vaso mezclador, con hielo.
Remover bien y servir en copa de coñac.
Se decora con una guinda.

BONANZA

Para una persona

3 CL DE GINEBRA
2 CL DE ZUMO DE PIÑA
2 CL DE ZUMO DE FRUTO DE LA PASIÓN
1 CL DE APRICOT BRANDY
1 CL DE COINTREAU

Se prepara en coctelera, con hielo.
Agitar, colar y servir en vaso bajo, decorado con media rodaja de piña.

Este cóctel se conoce también como KILLER.

BUTTERFLY

Para una persona

3 CL DE GINEBRA
2 CL DE MARTINI SECO
1,5 CL DE AGUARDIENTE DE PERA
0,5 CL DE CURAÇAO AZUL

Se prepara en coctelera, con hielo.
Agitar, colar y servir en copa de cóctel.
Se decora con cortezas de naranja y limón.

CAPO CABANA

Para una persona

0,5 CL DE ZUMO DE MELÓN
0,5 CL DE CREMA DE PLÁTANO MARIE BRIZARD
2 CL DE COÑAC
3 CL DE GINEBRA

Se prepara en coctelera, con hielo.
Agitar, colar y servir en copa de cóctel.
Se decora con un gajo de melón o piña y media rodaja de limón verde.

CAFÉ DE PARÍS

Para una persona

MEDIA CLARA DE HUEVO
2 GOLPES DE PERNOD
1 CUCHARADA DE NATA LÍQUIDA
4 CL DE GINEBRA

Se prepara en coctelera, con hielo.
Agitar, colar y servir en copa de coñac.

CARNAVAL

Para una persona

2 CL DE GINEBRA PLYMOUTH
2 CL DE SAINT-RAPHAËL BLANCO
2 CL DE ZUMO DE NARANJA
0,5 CL DE JARABE DE FRESA

Se prepara en coctelera, con hielo.
Agitar, colar y servir en copa de cóctel.
Se decora con una rodaja de naranja y una guinda al marrasquino.

PINK NIGHT

Para una persona

3 CL DE GINEBRA
1,5 CL DE CAMPARI
2 CL DE LICOR DE PERA
1 GOLPE DE ANGOSTURA

Se prepara en vaso mezclador, con hielo.
Remover bien y servir en copa de cóctel.
Se decora con una corteza de naranja, una guinda y una rodaja de pera.

BLUE MOON

Para una persona

2 GOLPES DE PEPPERMINT
2 CL DE PERNOD
4 CL DE GINEBRA BOMBAY

Se prepara en coctelera, con hielo.
Agitar, colar y servir en copa de cóctel.

BLUE WIND

Para una persona

3 CL DE GINEBRA
2 CL DE MARIE BRIZARD
1 CL DE ZUMO DE LIMÓN
1 CL DE CURAÇAO AZUL
TÓNICA

Se prepara en coctelera, con hielo.
Agitar, colar y servir en vaso alto.
Completar con tónica.
Se decora con una rodaja de limón verde.

PELIGRO ROSA

Para una persona

2 CL DE GINEBRA
2 CL DE LICOR DE FRESA
1,5 CL DE SUZE
1,5 CL DE ZUMO DE LIMÓN VERDE
LEMON TONIC

Se prepara en coctelera, con hielo.
Agitar, colar y servir en vaso alto.
Completar con tónica.

PINK RIVIERA

Para una persona

0,5 CL DE RICARD
5 CL DE GINEBRA
0,5 CL DE GRANADINA

Se prepara en coctelera, con hielo.
Agitar, colar y servir en copa de cóctel.
Se decora con una guinda en aguardiente.

PINK VALLEY

Para una persona

2 CL DE GINEBRA
2 CL DE MANDARINA IMPERIAL
2 CL DE IRISH MIST
1 GOLPE DE LIMÓN
1 GOLPE DE GRANADINA

Se prepara en coctelera, con hielo.
Agitar, colar y servir en copa de cóctel.
Se decora con una rodaja de limón.

CARTOON

Para una persona

2 CL DE ZUMO DE PIÑA
1,5 CL DE CREMA DE MELOCOTÓN
1,5 CL DE CREMA DE CEREZA
1,5 CL DE GINEBRA
1 GOLPE DE GRANADINA

Se prepara en coctelera, con hielo.
Agitar, colar y servir en copa de cóctel.
Se decora con un gajo de melocotón y una guinda.

CORAZONADA

Para una persona

2,5 CL DE GINEBRA
1 CL DE ZUMO DE NARANJA
2,5 CL DE APRICOT BRANDY

Se prepara en coctelera, con hielo.
Agitar enérgicamente, colar y servir en copa de cóctel; rematar con un golpe de granadina.
Se decora con hojas de menta y una guinda puesta en el borde de la copa.

CREPÚSCULO Nº 1

Para una persona

1,5 CL DE ZUMO DE PIÑA
1,5 CL DE LICOR DE PERA
0,5 CL DE LECHE DE ALMENDRAS
3 CL DE GINEBRA
0,5 CL DE GRANADINA
ZUMO DE PIÑA

Se prepara en coctelera, con hielo.
Agitar, colar y servir en vaso alto con el borde escarchado de curaçao azul. Completar con el zumo de piña. Se decora con media rodaja acanalada de limón verde, hojas de piña y una fresa.

CARUSO

Para una persona

2 CL DE CREMA DE MENTA VERDE
2 CL DE MARTINI SECO
2 CL DE GINEBRA

Se prepara en vaso mezclador, con hielo.
Agitar, y servir en copa de cóctel.

CRAPS

Para una persona

2 CL DE GINEBRA TANQUERAY
2,5 CL DE ZUMO DE NARANJA
1 CL DE MANDARINA IMPERIAL
0,5 CL DE MARIE BRIZARD
1 GOLPE DE LICOR DE CHOCOLATE BLANCO

Se prepara en coctelera, con hielo.
Agitar, colar y servir en copa de cóctel con el borde escarchado de granadina.

DARIO SMILE

Para una persona

3 CL DE LICOR DE MANDARINA
1 GOLPE DE ANGOSTURA
4 CL DE GINEBRA BEEFEATER
BÍTER DE LIMÓN

Se prepara en vaso mezclador, con hielo.
Remover y servir en vaso alto.
Completar con bíter de limón.
Se decora con un gajo de mandarina, fresca o confitada.

DORINT KISS

Para una persona

2 CL DE ZUMO DE FRUTO DE LA PASIÓN
1,5 CL DE ZUMO DE LIMÓN VERDE
1,5 CL DE APRICOT BRANDY
1,5 CL DE LICOR DE PLÁTANO
1 CL DE GINEBRA

Se prepara en coctelera, con hielo.
Agitar, colar y servir en copa de cóctel.
Se decora con dos rodajas de plátano y un gajo de albaricoque.

DREAM

Para una persona

2 CL DE ZUMO DE PIÑA
0,5 CL DE LECHE DE ALMENDRAS
1 GOLPE DE CAMPARI
3,5 CL DE GINEBRA
1 GOLPE DE GRANADINA

Se prepara en coctelera, con hielo.
Agitar, colar y servir en copa de cóctel.
Se decora con una brocheta de guindas.

DOLCE VITA

Para una persona

1,5 CL DE AMARETTO
3 CL DE GINEBRA
0,5 CL DE CAMPARI
1,5 CL DE MARTINI SECO

Se prepara en en vaso mezclador, con hielo.
Remover y servir en copa de cóctel.
Se decora con media rodaja de naranja.

DESEO DE UNA NOCHE

Para una persona

3 CL DE GINEBRA GORDON´S
1 CL DE NÉCTAR DE ALBARICOQUE
1 CL DE LICOR DE FRESA
1 GOLPE DE LICOR DE PLÁTANO
1 GOLPE DE ZUMO DE LIMÓN

Se prepara en coctelera, con hielo.
Agitar, colar y servir en copa de coñac con media rodaja de limón, una de plátano y una guinda.

CRISTINA

Para una persona

3,5 CL DE ZUMO DE PIÑA
0,5 CL DE LICOR DE CEREZAS
3 CL DE GINEBRA
LEMON TONIC

Se prepara en coctelera, con hielo.
Agitar, colar y servir en vaso alto.
Completar con lemon tonic.
Se decora con un gajo de piña y una guinda.

EVA

Para una persona

2 CL DE GINEBRA
2 CL DE COINTREAU
1 CL DE ZUMO DE LIMÓN
5 GOLPES DE CREMA DE MENTA
INDIAN TONIC

Se prepara en vaso mezclador, con hielo.
Remover bien y servir en vaso alto, con el borde escarchado de menta. Completar con tónica.
Se decora con una espiral de naranja.

LADY ANNE

Para una persona

3 CL DE GINEBRA
2 CL DE CREMA DE MELOCOTÓN
1,5 CL DE ZUMO DE PIÑA
0,5 CL DE ZUMO DE NARANJA

Se prepara en coctelera, con hielo.
Agitar, colar y servir en copa de cóctel.
Se decora con media rodaja de naranja y una gajo de piña

MONNA LISA

Para una persona

1 CL DE CAMPARI
1,5 CL DE CHARTREUSE NARANJA
1,5 CL DE GINEBRA
GINGER ALE

Se ponen los ingredientes directamente en una copa de cóctel con cubitos de hielo. Completar con ginger ale.
Se decora con una corteza de limón y una rodaja de naranja; se toma con pajita.

NINOU

Para una persona

1,5 CL DE NÉCTAR DE PERA
1,5 CL DE ZUMO DE PIÑA
2 CL DE GINEBRA BOMBAY
2 CL DE LICOR DE PLÁTANO
1 GOLPE DE GRANADINA
SODA O TÓNICA

Se prepara en coctelera, con hielo. Agitar, colar y servir en copa de cóctel, con hielo. Completar con soda o tónica.
Se decora con una rodaja de plátano, una guinda y un gajo de piña formando brocheta: Se sirve con varilla y pajita.

LADY FLANAGAN

Para una persona

3 CL DE GINEBRA GORDON´S
1 CL DE NOILLY PRAT
0,5 CL DE MANDARINA IMPERIAL
1 CL DE AMARETTO
1 GOLPE DE JARABE DE FRESA

Se prepara en vaso mezclador, con hielo.
Remover y servir en copa de cóctel, decorada con una corteza de limón y media rodaja de naranja.

EUROPA

Para una persona

3 CL DE ZUMO DE PIÑA
1,5 CL DE CREMA DE MELOCOTÓN
3 CL DE GINEBRA
TÓNICA

Se prepara en coctelera, con hielo.
Agitar, colar y servir en vaso alto, con hielo. Completar con tónica. Se decora con un gajo de piña y guindas en brocheta; se toma con pajita.

FANTASIO

Para una persona

2 CL DE GINEBRA
1,5 CL DE LICOR DE FRESA
0,5 CL DE LICOR DE PLÁTANO
3 CL DE ZUMO DE PIÑA

Se prepara en coctelera, con hielo.
Agitar, colar y servir en copa de cóctel.

FAVOURITE

Para una persona

EL ZUMO DE ½ LIMÓN
2 CL DE APRICOT BRANDY
2 CL DE MARTINI SECO
2 CL DE GINEBRA PLYMOUTH

Se prepara en vaso mezclador, con hielo.
Remover, colar y servir en copa de cóctel, con una guinda pinchada en media rodaja de limón.

FAIRBANK

Para una persona

2 CL DE APRICOT BRANDY
2 CL DE MARTINI SECO
2 CL DE GINEBRA

Se prepara en coctelera, con hielo.
Agitar, colar y servir en copa de cóctel.

ANTORCHA

Para una persona

1,5 CL DE ZUMO DE LIMÓN
1,5 CL DE ZUMO DE GUAYABA
2 CL DE CREMA
DE MELOCOTÓN
2 CL DE GINEBRA

Se prepara en coctelera, con hielo.
Agitar, colar y servir en copa de cóctel, con una rodaja de kiwi y otra de limón verde.

FRENCH CONNECTION

Para una persona

1,5 CL DE LICOR DE PERA
0,5 CL DE LIMÓN
3 CL DE NÉCTAR
DE ALBARICOQUE
0,5 CL DE GINEBRA
1 GOLPE DE GRANADINA

Se prepara en coctelera, con hielo.
Agitar, colar y servir en copa de cóctel.

GARDIAN

Para una persona

1,5 CL DE MARTINI SECO
1,5 CL DE CHERRY BRANDY
3 CL DE GINEBRA

Se prepara en vaso mezclador, con mucho hielo.
Remover enérgicamente con la cucharilla mezcladora y servir en copa de cóctel.
Se decora con un par de guindas.

CÓCTEL DE GINEBRA

Para una persona

1 GOLPE DE ANGOSTURA
2 CL DE CURAÇAO ROJO
4 CL DE GINEBRA

Se prepara en vaso mezclador, con hielo.
Remover y servir en vaso alto.
Se decora con una corteza de naranja.

HERMANOS DE LA COSTA

Para una persona

0,5 CL DE ZUMO DE LIMÓN VERDE
2,5 CL DE CREMA DE MELOCOTÓN
3 CL DE GINEBRA
1 GOLPE DE CURAÇAO AZUL

Se prepara en vaso mezclador, con hielo.
Remover y servir en copa de cóctel.
Se decora con una rodaja de melocotón, una de fresa y hojas de menta.

BALI

Para una persona

2 CL DE GINEBRA
3 CL DE ZUMO DE FRUTO DE LA PASIÓN
4 CL DE PISANG

Se prepara en coctelera, con hielo.
Agitar, colar y servir en vaso alto, con dos cubitos de hielo. Se puede añadir tónica o soda.
Se decora con una guinda flanqueada por dos rodajas de plátano.

MACAO

Para una persona

2 CL DE GINEBRA
1 CL DE ZUMO DE GUAYABA
2 CL DE APRICOT BRANDY
3 CL DE CREMA DE MELOCOTÓN

Se prepara en coctelera, con hielo.
Agitar, colar y servir en vaso bajo con unos cubitos de hielo.

PUERTO SUR

Para una persona

2 CL DE LIMÓN
1,5 CL DE CURAÇAO AZUL
0,5 CL DE LICOR DE PLÁTANO
3 CL DE GINEBRA

Se prepara en coctelera, con hielo.
Agitar, colar y servir en copa de cóctel adornada con una corteza de limón.

MAH JONG

Para una persona

2 CL DE COINTREAU
2 CL DE RON
3 CL DE GINEBRA

Se prepara en coctelera, con hielo.
Agitar bien, colar y servir en copa de cóctel.

PONDICHERRY

Para una persona

3 CL DE GINEBRA
1 CL DE CURAÇAO
0,5 CL DE AMARETTO
2 CL DE ZUMO DE PIÑA

Se prepara en coctelera, con hielo.
Agitar, colar y servir en copa de cóctel.

GREENFACE

Para una persona

3 CL DE GINEBRA
2 CL DE ZUMO DE POMELO
3 CL DE PISANG
1 GOLPE DE CURAÇAO VERDE
SODA

Se prepara en coctelera, con hielo.
Agitar, colar y servir en vaso alto.
Completar con soda.

GRINGO

Para una persona

1 CL DE ZUMO DE PIÑA
0,5 CL DE CREMA DE MORAS
2 CL DE CREMA DE PLÁTANO
1 CL DE GINEBRA
INDIAN TONIC

Se prepara en coctelera, con hielo.
Agitar, colar y servir en vaso bajo.
Añadir la tónica
Se decora con un gajo de piña, una guinda y una rodaja de manzana en brocheta.

HAWAIIAN

Para una persona

2 CL DE ZUMO DE NARANJA
2 CL DE CURAÇAO NARANJA
3 CL DE GINEBRA

Se prepara en coctelera, con hielo.
Agitar, colar y servir en copa de cóctel.
Se decora con media rodaja de naranja.

GREEN PEACE

Para una persona

2 CL DE CREMA DE PLÁTANO
2 CL DE CURAÇAO AZUL
2 CL DE GINEBRA
1 YEMA DE HUEVO
LEMON TONIC

Se prepara en coctelera.
Agitar, colar y servir en vaso alto.
Completar con tónica.
Se decora con guindas rojas y una rodaja de limón.

HAPPY DAYS

Para una persona

2 CL DE MARRASQUINO
2 CL DE CHARTREUSE VERDE
2 CL DE GINEBRA

Se prepara en coctelera, con hielo.
Agitar, colar y servir en copa de cóctel.

INCA

Para una persona

1 GOLPE DE CAMPARI
2 GOLPES DE LECHE DE ALMENDRAS
2 CL DE JEREZ
2 CL DE CINZANO SECO
2 CL DE GINEBRA

Se prepara en coctelera, con hielo.
Agitar, colar y servir en copa de cóctel.

INDISCRECIÓN

Para una persona

3 CL DE BÉNÉDICTINE
4 CL DE GINEBRA
EL ZUMO DE ½ LIMÓN
2 GOLPES DE JARABE DE FRESA
INDIAN TONIC

Se prepara en coctelera, con hielo.
Agitar, colar y servir en vaso alto.
Completar con tónica.

JOCKEY CLUB

Para una persona

1 GOLPE DE CAMPARI
2 GOLPES DE ANGOSTURA
2 CL DE AMARETTO
4 CL DE GINEBRA

Se prepara en coctelera, con hielo.
Agitar, colar y servir en copa de cóctel.

JOHN´S

Para una persona

2 GOLPES DE JARABE
DE FRAMBUESA
2 GOLPES DE MARRASQUINO
2 CL DE MARTINI SECO
4 CL DE GINEBRA

Se prepara en coctelera, con hielo.
Agitar, colar y servir en copa doble de cóctel.
Se decora con dos frambuesas puestas en el fondo de la copa.

LATINA

Para una persona

2 CL DE ZUMO DE PIÑA
0,5 CL DE MALIBÚ
1 CL DE PISANG
2,5 CL DE GINEBRA BURNETT´S
1 GOLPE DE PEPPERMINT

Se prepara en coctelera, con hielo.
Agitar, colar y servir en copa de cóctel, decorada con fruta del tiempo.

LOVELY

Para una persona

1 CL DE PIMM´S
1 CL DE GRAND MARNIER
0,5 CL DE LECHE
DE ALMENDRAS
3 CL DE GINEBRA

Se prepara en coctelera, con hielo.
Agitar bien, colar y servir en copa de cóctel.
Se decora con una corteza de naranja.

KIWISKOWA

Para una persona

3 CL DE GINEBRA BOMBAY
2 CL DE COINTREAU
2 CL DE KIBOWI
1 CL DE ZUMO DE LIMÓN
VERDE

Se prepara en coctelera, con hielo.
Agitar, colar y servir en vaso alto.
Se decora con una rodaja de kiwi y otra de limón verde.

ECUADOR

Para una persona

3 CL DE GINEBRA
1,5 CL DE ZUMO DE FRUTO
DE LA PASIÓN
2 CL DE LICOR
DE FRAMBUESA
TÓNICA

Se prepara en coctelera.
Agitar, colar y servir en vaso alto.
Completar con tónica.
Se decora con dos guindas y unas hojas de menta pinchadas en un gajo de piña.

LOVE STORY Nº 2

Para una persona

3 CL DE GINEBRA GORDON´S
2 CL DE KIRSCH
2 CL DE COINTREAU
1 GOLPE DE GRANADINA
CAVA BRUT

Se prepara en coctelera, con hielo.
Agitar, colar y servir en copa alta de cava con el borde escarchado de granadina. Completar con cava.

ATARDECER

Para una persona

1,5 CL DE NARANJA
0,5 CL DE ZUMO DE PIÑA.
3 CL DE CREMA
DE MELOCOTÓN
0,5 CL DE LICOR DE FRESA
1,5 CL DE GINEBRA
ZUMO DE NARANJA O PIÑA

Se prepara en coctelera, con hielo. Agitar, colar y servir en vaso alto, completando con el zumo elegido. Se decora con una brocheta de piña, melocotón, una guinda roja y hojas de menta.

OBSERVACIONES

Todos los cócteles, sin excepción, se deben beber fríos: el hielo matiza y atenúa la fuerza del alcohol.
El hielo es ante todo un imperativo para la elaboración de un buen cóctel. A menos que así lo especifique la fórmula, nunca se emplea picado (lo que aguaría la mezcla), sino en cubitos siempre lavados.
El cóctel resultará perfecto siempre que se respeten las proporciones indicadas.
Salvo expresa indicación en contra, los cócteles se beben siempre en el momento, para evitar que se rompa el delicado equilibrio de sabores.

LURING

Para una persona

1 CL DE CINZANO SECO
1 CL DE CASSIS
3 CL DE GINEBRA

Se prepara en coctelera, con hielo.
Agitar, colar y servir en copa de cóctel con el borde escarchado a la mitad y decorada con una corteza de limón.

MAYFAIR LADY

Para una persona

2 CL DE ZUMO DE NARANJA
1 CL DE APRICOT BRANDY
4 CL DE GINEBRA

Se prepara en coctelera, con hielo.
Agitar, colar y servir en copa de cóctel.

ESPEJISMO

Para una persona

4 CL DE GINEBRA
3 CL DE ZUMO DE PIÑA
1 CL DE ZUMO DE LIMÓN
2 CL DE SAFARI
1 GOLPE DE GRANADINA

Se prepara en coctelera, con hielo.
Agitar, colar y servir en vaso bajo, con dos cubitos de hielo.
Se decora con un gajo de piña.

MALÍ

Para una persona

3 CL DE GINEBRA
3 CL DE ZUMO DE GUAYABA
4 CL DE ZUMO DE PIÑA
4 CL DE LICOR DE GRANADINA

Se prepara en coctelera, con hielo.
Agitar, colar y servir en vaso alto decorado con un gajo de piña.

MÉXICO

Para una persona

0,5 CL DE COINTREAU
4 CL DE LICOR DE FRESA
2 CL DE GINEBRA
1 GOLPE DE NATA LÍQUIDA

Se prepara en coctelera, con hielo.
Agitar, colar y servir en copa de cóctel escarchada con jarabe de fresa.
Se decora con una fresa.

MUCH MORE

Para una persona

2,5 CL DE GINEBRA
1 CL DE LICOR DE FRESA
1 CL DE LICOR DE PLÁTANO
1 CL DE CHERRY BRANDY
1 GOLPE DE ZUMO DE NARANJA

Se prepara en coctelera, con hielo.
Agitar, colar y servir en copa de cóctel escarchada con jarabe de fresa.
Se decora con una guinda en el borde de la copa.

NOSTALGIA

Para una persona

4 CL DE GINEBRA
1 CL DE LIMÓN
2 CL DE LICOR DE PERA
1 GOLPE DE GRANADINA
TÓNICA

Se prepara en coctelera, con hielo.
Agitar, colar y servir en tulipa.
Añadir tónica y un golpe de granadina.
Se decora con un gajo de pera y media rodaja de limón.

ÓPERA

Para una persona

3 CL DE ZUMO DE PIÑA
1 CL DE LICOR DE FRESA
0,5 CL DE CREMA DE MELOCOTÓN
1 GOLPE DE JARABE DE FRESA
1 CL DE GINEBRA

Se prepara en coctelera, con hielo.
Agitar, colar y servir en copa de cóctel.
Se decora con una brocheta formada por un gajo de melocotón y dos hojas de menta.

NARANJA MECÁNICA

Para una persona

2 CL DE ZUMO DE NARANJA
0,5 CL DE AMARETTO
1 CL DE LICOR DE FRESA
3 CL DE GINEBRA
1 GOLPE DE KIRSCH

Se prepara en coctelera, con hielo.
Agitar, colar y servir en vaso alto escarchado con jarabe de fresa.
Se puede añadir zumo de naranja.
Se decora con una fresa y una guinda en aguardiente, pinchadas en un gajo de naranja.

UMBRÍA

Para una persona

2 CL DE GINEBRA
1 CL DE LECHE DE ALMENDRAS
4 CL DE ZUMO DE PIÑA
1 CL DE LICOR DE MENTA VERDE

Se prepara en coctelera, con hielo.
Agitar bien, colar y servir en vaso bajo, sin decorar.

PARIS DELIGHT

Para una persona

3 CL DE APRICOT BRANDY
2 CL DE ZUMO DE POMELO
4 CL DE GINEBRA BOMBAY
2 GOLPES DE CLARA DE HUEVO

Se prepara en coctelera, con hielo.
Agitar, colar y servir en copa de cóctel, decorada con media rodaja de pomelo.

PATTAYA

Para una persona

3 CL DE ZUMO DE POMELO
4 CL DE PASSOA MARACUYÁ
1 GOLPE DE LICOR DE FRESA
3 CL DE GINEBRA
TÓNICA

Se prepara en coctelera, con hielo.
Agitar bien, colar y servir en vaso alto. Completar con un dedo de tónica.
Se decora con un gajo de pomelo.

PARISIAN

Para una persona

2 CL DE MARTINI SECO
4 CL DE GINEBRA
1 GOLPE DE DOBLE CREMA DE CASSIS

Se prepara en vaso mezclador, con hielo.
Remover y servir en copa de cóctel.

PERFECT LADY

Para una persona

2 CL DE APRICOT BRANDY
2 CL DE ZUMO DE LIMÓN
4 CL DE GINEBRA

Se prepara en coctelera, con hielo.
Agitar bien, colar y servir en copa de cóctel.

MIMITO

Para una persona

2 CL DE CREMA DE CEREZAS
1,5 CL DE LICOR DE CHOCOLATE BLANCO
1,5 CL DE AMARETTO
2 CL DE GINEBRA

Se prepara en vaso mezclador, con hielo.
Remover bien con la cucharilla y servir en copa de cóctel, adornada con una guinda.

PHI-PHI

Para una persona

2 CL DE FINO
2 CL DE GRAND MARNIER
3 CL DE GINEBRA BEEFEATER

Se prepara en coctelera, con hielo.
Agitar, colar y servir en copa de cóctel decorada con una guinda.

Creado por Jack Conne, barman del Hotel Scribe, en Paris.

PROCOPE MERCIÉRE

Para una persona

3 CL DE ZUMO DE PIÑA
1 CL DE APRICOT BRANDY
1 CL DE LICOR DE PLÁTANO
3 CL DE GINEBRA BOMBAY
1 GOLPE DE LICOR DE FRESA

Se prepara en coctelera, con hielo. Agitar, colar y servir en vaso alto con unos cubitos de hielo. Se puede completar con zumo de piña. Se decora con una brocheta formada por un gajo de albaricoque, dos fresas y hojas de piña. Se toma con pajita.

PONCHE DE MELÓN

Para una persona

3 CL DE GINEBRA
3 CL DE ZUMO DE NARANJA
2 CL DE LIMÓN VERDE
4 CL DE LICOR DE MELÓN
1 GOLPE DE AZÚCAR DE CAÑA

Se prepara en coctelera, con hielo. Agitar bien, colar y servir en vaso alto.
Se decora con una brocheta de melón, limón verde y naranja.

Nadie protestará si se sustituye la ginebra por vodka.

REYES DEL FUEGO

Para una persona

0,5 CL DE ZUMO DE LIMÓN
0,5 CL DE PERNOD LIGHT
1,5 CL DE CHERRY BRANDY
1,5 CL DE LICOR DE PERA
3 CL DE GINEBRA BEEFEATER

Se prepara en coctelera, con hielo. Agitar bien, colar y servir en copa de cóctel.
Se decora con una brocheta puesta dentro de la copa y formada por dos cortezas de limón verde y dos guindas en aguardiente.

QUEENS

Para una persona

1 CL DE ZUMO DE PIÑA
1 CL DE MARTINI SECO
1 CL DE MARTINI ROJO
3 CL DE GINEBRA BOSFORD

Se prepara en coctelera, con hielo.
Agitar bien, colar y servir en copa de cóctel.

REGENT STAR

Para una persona

1 CL DE ZUMO DE FRUTO DE LA PASIÓN.
1,5 CL DE MARTINI SECO
2 CL DE CURAÇAO NARANJA
3,5 CL DE GINEBRA

Se prepara en coctelera, con hielo.
Agitar, colar y servir en copa de cóctel.

SUEÑO ROSA

Para una persona

1 CL DE NATA LÍQUIDA
2 CL DE PERNOD
1 GOLPE DE GRANADINA
4 CL DE GINEBRA

Se prepara en coctelera, con hielo.
Agitar, colar y servir en copa de cóctel.

RHEINGOLD

Para una persona

3 CL DE GINEBRA
1 CL DE CAMPARI
1 CL DE MARTINI SECO
2 CL DE COINTREAU

Se prepara en coctelera, con hielo.
Agitar bien, colar y servir en copa de cóctel.

NO VA MÁS

Para una persona

2 CL DE MARTINI SECO
0,5 CL DE CREMA DE PLÁTANO
3 CL DE GINEBRA
0,5 CL DE CURAÇAO AZUL

Se prepara en coctelera, con hielo.
Agitar, colar y servir en copa de cóctel.

Se decora con una corteza de pomelo y una guinda.

ROSEN KAVALIER

Para una persona

2 CL DE ZUMO DE NARANJA
2 CL DE GRAND MARNIER
2 CL DE MARTINI SECO
3 CL DE GINEBRA
1 GOLPE DE GRANADINA

Se prepara en coctelera, con hielo.
Agitar, colar y servir en vaso bajo con una rodaja de naranja.

RELAY´S CLUB

Para una persona

3 CL DE ZUMO DE ALBARICOQUE
0,5 CL DE ZUMO DE LIMÓN
1,5 CL DE LICOR DE FRESA
1,5 CL DE LICOR DE PLÁTANO
1 CL DE GINEBRA

Se prepara en coctelera, con hielo.
Agitar, colar y servir en vaso bajo, con unos cubitos de hielo.

ROYAL
Para una persona

1 GOLPE DE MARRASQUINO
2 CL DE CHERRY BRANDY
2 CL DE MARTINI SECO
2 CL DE GINEBRA GORDON'S

Se prepara en coctelera, con hielo.
Agitar bien, colar y servir en copa de cóctel.

SHELDON
Para una persona

3 CL DE GINEBRA
2 CL DE NOILLY PRAT
0,5 CL DE CHERRY BRANDY
1 CL DE LICOR DE PERA

Se prepara en vaso mezclador, con hielo.
Remover y servir en copa de cóctel.
Se decora con una guinda en aguardiente.

THE KING CHARLES
Para una persona

3 CL DE APRICOT BRANDY
3 CL DE GINEBRA BOMBAY
2 GOLPES DE GRANADINA
5 GOLPES DE ZUMO DE LIMÓN

Se prepara en coctelera, con hielo.
Agitar bien, colar y servir en copa de cóctel, decorado con una corteza de limón y una rodaja de albaricoque.

SCRIBE
Para una persona

2 CL DE ZUMO DE POMELO
2 CL DE COINTREAU
2 CL DE GINEBRA OLD LADY'S

Se prepara en vaso mezclador, con hielo.
Remover y servir en copa de cóctel, con una corteza de pomelo.

Creado por Pierre, del bar Scribe.

THE JULY'S
Para una persona

3 CL DE GINEBRA
1,5 CL DE SUZE
1,5 CL DE MALIBÚ
0,5 CL DE GRANADINA
1 GOLPE DE NATA LÍQUIDA

Se prepara en coctelera, con hielo.
Agitar, colar y servir en copa de cóctel, decorada con media rodaja de limón.

JOHN COLLINS
Para una persona

1 O 2 CL DE AZÚCAR DE CAÑA
5 CL DE GINEBRA
SODA

Se prepara directamente en vaso alto, con hielo.
Mezclar bien y completar con soda.

SIESTA

Para una persona

3 CL DE KAHLÚA
4 CL DE GINEBRA

Se prepara en vaso mezclador, con hielo.
Remover y servir en copa de cóctel.

El kahlúa es licor mexicano de café.

TANGO

Para una persona

1 CL DE ZUMO DE NARANJA
1,5 CL DE VERMUT SECO
1,5 CL DE VERMUT ROJO
1 CL DE CURAÇAO ROJO
3 CL DE GINEBRA

Se prepara en coctelera, con hielo.
Agitar, colar y servir en copa de cóctel con unos cubitos de hielo.

SILVER STREAK

Para una persona

3 CL DE KUMMEL
3 CL DE LONDON DRY GIN

Se prepara en coctelera, con hielo.
Agitar bien, colar y servir en copa de cóctel.

SILVER

Para una persona

1 GOLPE DE CAMPARI
2 GOLPES DE MARRASQUINO
2 CL DE MARTINI DULCE
4 CL DE GINEBRA

Se prepara en vaso mezclador, con hielo.
Remover bien y servir en vaso bajo.

SNAKE-IN-THE-GRASS

Para una persona

1,5 CL DE ZUMO DE LIMÓN
1,5 CL DE VERMUT SECO
1,5 CL DE COINTREAU
2,5 CL DE GINEBRA

Se prepara en vaso mezclador, con hielo.
Remover bien y servir en copa de cóctel, con media rodaja de limón.

TEXAS FIZZ

Para una persona

2 CL DE MARTINI SECO
2 CL DE ZUMO DE LIMÓN
2 CL DE ZUMO DE NARANJA
3 GOLPES DE LICOR DE FRAMBUESA
5 CL DE GINEBRA
SODA

Se prepara en coctelera, con mucho hielo.
Agitar enérgicamente, colar y servir en copa de fizz, completando con soda.
Si se prefiere azucarado, se puede poner un golpe de almíbar en la coctelera.

RELACIÓN FATAL

Para una persona

2 CL DE ZUMO DE PIÑA
1,5 LICOR DE COCO
0,5 CL DE LICOR DE PLÁTANO
2 CL DE GINEBRA
1 CL DE LICOR DE FRESA

Se prepara en coctelera, con hielo. Agitar, colar y servir en vaso alto, con unos cubitos de hielo. Se puede completar con zumo de fruta.
Se decora con una brocheta de plátano, fresas y media rodaja de piña.

TUTTI FRUTTI

Para una persona

1,5 CL DE LICOR DE FRAMBUESA
1,5 CL DE CHERRY BRANDY
0,5 CL DE COINTREAU
3 CL DE GINEBRA BOMBAY

Se prepara en coctelera, con hielo. Agitar, colar y servir en copa de cóctel, con una brocheta de frambuesas y guindas en aguardiente. Decorar el borde con media rodaja de naranja.

WESTERN ROSE

Para una persona

1 CL DE ZUMO DE LIMÓN
1,5 CL DE VERMUT SECO
1,5 CL DE VERMUT ROJO
1,5 CL DE LICOR DE ALBARICOQUE
2,5 CL DE GINEBRA

Se prepara en coctelera, con hielo.

Agitar bien, colar y servir en copa de cóctel.

TORBELLINO

Para una persona

1 CL DE ZUMO DE LIMÓN
1 CL DE ZUMO DE PIÑA
2 CL DE LICOR DE CHOCOLATE BLANCO
2 CL DE LICOR DE MENTA VERDE
0,5 CL DE GINEBRA

Se prepara en coctelera, con hielo.
Agitar, colar y servir en copa de cóctel, decorada con limón verde y una guinda.

V.S.D.

Para una persona

2,5 CL DE GINEBRA
1 CL DE COINTREAU
1 CL DE BÉNÉDICTINE
1 CL DE CAMPARI
0,5 CL DE CURAÇAO AZUL

Se prepara en vaso mezclador, con hielo.
Remover y servir en copa de cóctel.
Se decora con una guinda en aguardiente.

WALLIS

Para una persona

2 CL DE GINEBRA
1 CL DE MARTINI SECO
0,5 CL DE CAMPARI
1 CL DE PÊCHER MIGNON
1,5 CL DE CREMA DE MELOCOTÓN

Se prepara en coctelera, con hielo.
Agitar, colar y servir en copa de cóctel.
Se decora con un brocheta de guindas.

VENECIA

Para una persona

3 CL DE GINEBRA
1 CL DE ZUMO DE NARANJA
1 CL DE CHERRY BRANDY
2 CL DE MANDARINA IMPERIAL
1 GOLPE DE ANGOSTURA

Se prepara en vaso mezclador, con hielo.
Remover bien y servir en copa de cóctel.
Se decora con una rodaja de naranja.

VERDI

Para una persona

2,5 CL DE GINEBRA
0,5 CL DE BÉNÉDICTINE
1 CL DE MARTINI SECO
2 CL DE PÊCHER MIGNON
1 GOLPE DE CURAÇAO AZUL

Se prepara en vaso mezclador, con hielo.
Remover y servir en copa de cóctel, con un gajo de melocotón y hojas de menta.

XANTHIA

Para una persona

2 CL DE CHERRY BRANDY
2 CL DE CHARTREUSE VERDE
2 CL DE GINEBRA

Se prepara en coctelera, con hielo. Agitar bien, colar y servir en vaso alto.

OBSERVACIÓN

La coctelera y el vaso mezclador se llenan de hielo sólo hasta los 2/3 de su capacidad, salvo indicación en contra.

ZABRISKIE

Para una persona

1 GOLPE DE BÍTER DE NARANJA (O DE ANGOSTURA)
1 GOLPE DE MARRASQUINO
2 CL DE MARTINI SECO
4 CL DE GINEBRA

Se prepara en vaso mezclador, con hielo.
Remover y servir en copa de coñac, con una cáscara de naranja.

Esta fórmula fue creada expresamente para Mr. Zabriskie, asiduo fiel y casi héroe de los bares neoyorquinos.

YALE

Para una persona

1 GOLPE DE CAMPARI
4 CL DE DRY GIN

Se prepara en coctelera, con hielo.
Agitar, colar y servir en copa mediana de cóctel.

YELLOW BIRD

Para una persona

1,5 CL DE CREMA
DE MELOCOTÓN
3 CL DE PARFAIT AMOUR
3 CL DE GINEBRA BOMBAY
1 GOLPE DE ANGOSTURA

Se prepara en coctelera, con hielo.
Agitar, colar y servir en vaso alto, decorado con una rodaja de limón acanalada y una guinda.

YELLOW DAISY

Para una persona

1 CL DE GRAND MARNIER
2,5 CL DE VERMUT SECO
2,5 CL DE GINEBRA

Se prepara en vaso mezclador, con hielo.
Remover y servir en copa de coñac, sin decoración.

YELLOW CAB

Para una persona

2 CL DE GINEBRA
1,5 CL DE PÊCHER MIGNON
0,5 CL DE SAFARI
1,5 CL DE ZUMO DE FRUTO
DE LA PASIÓN
1,5 CL DE ZUMO
DE MELOCOTÓN

Se prepara en coctelera, con hielo.
Agitar, colar y servir en copa de coñac.

AL RON

El ron, antiguamente llamado **guildive** o **tafía**, es un extraordinario aguardiente típico de las Antillas, aunque también se produce en otros países latinoamericanos y en ciertas islas de la Polinesia. El ron añejo se deja envejecer en barricas de roble que anteriormente han contenido coñac o bourbon.

Hay dos clases de ron:

– El de caña, o guarapo, que se obtiene por destilación del zumo de caña de azúcar fermentado; tiene de 40° a 65°.
– El de melaza, o ron industrial, que se elabora a partir de los jarabes derivados de la fabricación del azúcar.

ACUARIO

Para una persona

1 CL DE CURAÇAO VERDE
1 CL DE CREMA DE PLÁTANO
1 CL DE ZUMO DE POMELO
1 GOLPE DE ALMÍBAR
3 CL DE RON BLANCO

Se prepara en coctelera, con hielo.
Agitar, colar y servir en copa de cóctel, decorada con media rodaja de naranja y una guinda.

ANGEL HEART

Para una persona

0,5 CL DE PEPPERMINT
1,5 CL DE PISANG
1,5 CL DE KIBOWI
3,5 CL DE RON BLANCO

Se prepara en coctelera, con hielo.
Agitar, colar y servir en copa de cóctel.
Se decorada con una guinda pinchada en una rodaja de kiwi.

ANTILLAS

Para una persona

1 CL DE COCONUT
1 CL DE LICOR DE FRESA
3,5 CL DE RON BLANCO
GINGER ALE

Se prepara en coctelera, con hielo.
Agitar, colar y servir en vaso alto.
Completar con ginger ale.
Se decora con una rodaja de naranja y una guinda.

AMAZONAS

Para una persona

2 CL DE LIMÓN
1,5 CL DE AMARETTO
3 CL DE RON BLANCO
1 GOLPE DE GRANADINA
TÓNICA

Se prepara en coctelera, con hielo.
Agitar, colar y servir en vaso alto.
Completar con tónica.
Se decora con una rodaja acanalada de limón verde.

ANTHARIUM

Para una persona

1 CL DE CURAÇAO
2 CL DE MALIBÚ
3 CL DE RON BLANCO
1 GOLPE DE LECHE DE ALMENDRAS

Se prepara en coctelera, con hielo.
Agitar, colar y servir en copa de cóctel.

ATLANTIS

Para una persona

2 CL DE ZUMO DE NARANJA
1,5 CL DE ZUMO DE LIMÓN
1,5 CL DE GRAND MARNIER
2 CL DE RON BLANCO
1 GOLPE DE LICOR DE FRAMBUESA

Se prepara en coctelera, con hielo.
Agitar, colar y servir en copa de cóctel, decorada con una guinda, una rodaja de naranja y otra de limón.

DE TODO CORAZÓN

Para una persona

3 CL DE MARTINI SECO
1,5 CL DE BÉNÉDICTINE
0,5 CL DE DOBLE CREMA
DE CASSIS
2 CL DE RON BLANCO

Se prepara en coctelera, con hielo.
Agitar, colar y servir en copa de cóctel.
Se decora con grosellas y un gajo de piña.

AZZURRO

Para una persona

3 CL DE ZUMO DE PIÑA
0,5 CL DE MALIBÚ
0,5 CL DE COINTREAU
2 CL DE RON BLANCO

Se prepara en coctelera, con hielo.
Agitar, colar y servir en copa de cóctel.
Se decora con una guinda pinchada en un gajo de piña puesto en el borde de la copa.

BESO TROPICAL

Para una persona

2,5 CL DE ZUMO DE PIÑA
1 CL DE CURAÇAO BLANCO
3 CL DE RON BLANCO
1 GOLPE DE LECHE
DE ALMENDRAS

Se prepara en coctelera, con hielo.
Agitar, colar y servir en copa de cóctel.

BAMBULA

Para una persona

3 CL DE APRICOT BRANDY
0,5 CL DE LICOR DE FRESA
3 CL DE RON BLANCO

Se prepara en coctelera, con hielo.
Agitar, colar y servir en copa de cóctel.

CANARIA

Para una persona

1,5 CL DE ZUMO DE NARANJA
2 CL DE ZUMO DE PIÑA
1,5 CL DE LICOR DE PLÁTANO
2 CL DE RON BLANCO
1 GOLPE DE GRANADINA

Se prepara en coctelera, con hielo.
Agitar, colar y servir en vaso alto.
Completar con zumo de piña y de naranja, mitad y mitad.
Se decora con una brocheta formada por un gajo de piña, media rodaja de limón y dos guindas.

COSTA FLORIDA

Para una persona

5 CL DE RON BLANCO
1,5 CL DE CURAÇAO AZUL
0,5 CL DE PISANG
TÓNICA

Se prepara en coctelera, con hielo.
Agitar, colar y servir en vaso alto.
Completar con tónica.
Se decora con una rodaja de naranja.

COCONUT

Para una persona

1 CL DE CURAÇAO BLANCO
2 CL DE LICOR DE COCO
3 CL DE RON BLANCO
1 GOLPE DE GRANADINA

Se prepara en coctelera, con hielo.
Agitar, colar y servir en copa de cóctel.

PUESTA DE SOL

Para una persona

3 CL DE RON BLANCO
3,5 CL DE BÉNÉDICTINE
1 GOLPE DE GRANADINA
1 GOLPE DE NATA LÍQUIDA

Se prepara en coctelera, con hielo.
Agitar, colar y servir en copa de cóctel.

BLUE SEA

Para una persona

1 CLARA DE HUEVO
EL ZUMO DE UN LIMÓN
1 CL DE COINTREAU
2 CL DE CURAÇAO AZUL
2,5 CL DE RON BLANCO
1 GOLPE DE PASTIS
GASEOSA

Se prepara en coctelera, con hielo.
Agitar, colar y servir en vaso alto.
Completar con gaseosa.
Se decora con una rodaja de limón y una guinda.

BLUE HAWAIIAN

Para una persona

2 CL DE ZUMO DE PIÑA
1,5 CL DE LICOR DE COCO
3 CL DE RON BLANCO
1 CL DE CURAÇAO AZUL

Se prepara en coctelera, con hielo.
Agitar, colar y servir en copa de cóctel escarchada de curaçao azul.

CUBA LIBRE

Para una persona

6 CL DE RON BLANCO
COLA
1 RODAJA DE LIMÓN

Se prepara directamente en vaso alto, con hielo.
Escanciar ron y cola, añadir el limón y mezclar bien con la cucharilla.

CURAÇAO PUNCH

Para una persona

EL ZUMO DE ½ LIMÓN
3 CL DE CURAÇAO ROJO
3 CL DE RON BLANCO

Se prepara directamente en tulipa, con hielo.
Remover y servir con pajita y una cucharilla.
Se decora con fresas, frambuesas y guindas.

Es un excelente trago de verano.

CUBANO

Para una persona

1,5 CL DE ZUMO DE PIÑA
1,5 CL DE ZUMO DE LIMÓN
4 CL DE RON BLANCO

Se prepara en coctelera, con hielo.
Agitar bien, colar y servir en copa de cóctel.

SEÑORITA

Para una persona

3 CL DE ZUMO DE PIÑA
1 CL DE LICOR DE PLÁTANO
3 CL DE RON BLANCO
1 GOLPE DE AMARETTO

Se prepara en coctelera, con hielo.
Agitar enérgicamente, colar y servir en copa de cóctel.
Se decora con una rodaja de plátano.

DRAGÓN VERDE

Para una persona

1 CL DE PÊCHER MIGNON
2 CL DE RON MORENO
2 CL DE PISANG
1 CL DE COÑAC
ZUMO DE NARANJA
ZUMO DE LIMÓN

Se prepara en batidora.
Batir bien, colar y servir en vaso alto. Completar con zumo de naranja y de limón.
Se decora con una rodaja de kiwi y una guinda.

DOBLE 007

Para una persona

0,5 CL DE ZUMO DE NARANJA
1 CL DE ZUMO DE LIMÓN
1 CL DE MARTINI ROJO
2,5 CL DE RON BLANCO
1 GOLPE DE AZÚCAR DE CAÑA

Se prepara en coctelera, con hielo.
Agitar, colar y servir en copa de cóctel.
Se decora con una rodaja de naranja.

DUDÚ

Para una persona

2 CL DE ZUMO DE PIÑA
3 CL DE ZUMO DE GUAYABA
1 CL DE CREMA DE PLÁTANO
4 CL DE RON MORENO

Se prepara en coctelera, con hielo.
Agitar, colar y servir en copa de cóctel.

EFFOA

Para una persona

1,5 CL DE ZUMO DE PIÑA
2,5 CL DE ZUMO DE NARANJA
1,5 CL DE GRAND MARNIER
1,5 CL DE RON BLANCO
1 YEMA DE HUEVO
3 GOLPES DE GRANADINA

Se prepara en coctelera, con hielo.
Agitar, colar y servir en copa de cóctel, con una guinda pinchada en un gajo de piña.

EYE-OPENER

Para una persona

1 CL DE ALMÍBAR DE CAÑA
1 YEMA DE HUEVO
2 GOLPES DE PASTIS
2 GOLPES DE COINTREAU
4 CL DE RON BLANCO

Se prepara en coctelera, con hielo.
Agitar bien, colar y servir en copa de cóctel.

FRENCHY

Para una persona

2 CL DE LICOR DE COCO
1 CL DE CREMA DE PLÁTANO
2 CL DE RON BLANCO
1 CL DE CURAÇAO

Se prepara en coctelera, con hielo.
Agitar con fuerza, colar y servir en copa de cóctel, decorada con dos rodajas de plátano.

GOLDIE

Para una persona

2 CL DE ZUMO DE NARANJA
1 CL DE COINTREAU
1 CL DE CHERRY BRANDY
2 CL DE RON
NARANJADA CON GAS

Se prepara en coctelera, con hielo.
Agitar, colar y servir en vaso alto.
Completar con naranjada.
Se decora con una corteza de naranja y una guinda en aguardiente.

FLAMEANTE

Para una persona

2 CL DE CURAÇAO NARANJA
1,5 CL DE MARRASQUINO
3 CL DE RON BLANCO
1 GOLPE DE GRANADINA

Se prepara en coctelera, con hielo.
Agitar, colar y servir en copa de cóctel.

GREY CAT

Para una persona

1,5 CL DE LICOR DE CAFÉ
1,5 CL DE LICOR DE MENTA
3 CL DE RON BLANCO
1 CL DE NATA LÍQUIDA

Se prepara en coctelera, con hielo.
Agitar, colar y servir en copa de cóctel.
Se decora con virutas de chocolate amargo.

JONATHAN'S

Para una persona

2 CL DE ZUMO DE NARANJA
2 CL DE GRAND MARNIER
3 CL DE RON BLANCO

Se prepara en coctelera, con hielo.
Agitar, colar y servir en copa de cóctel.
Se decora con un gajo de naranja.

INTERROGACIÓN

Para una persona

2 CL DE LICOR DE FRAMBUESA
4 CL DE ZUMO DE FRUTA
4 CL DE RON BLANCO

Se prepara en batidora, con hielo picado.
Mezclar bien y servir en vaso bajo, decorado con la misma fruta cuyo zumo se ha empleado en la preparación.

KINGSTON

Para una persona

1,5 CL DE ZUMO DE PIÑA
1 CL DE CREMA DE PLÁTANO
2 CL DE COINTREAU
3 CL DE RON BLANCO
1 GOLPE DE CURAÇAO AZUL

Se prepara en coctelera, con mucho hielo.
Agitar, colar y servir en copa de cóctel.
Se decora con una rodaja de limón verde.

HENRY CLUB

Para una persona

0,5 CL DE LICOR DE PERA
0,5 CL DE CHERRY BRANDY
2 CL DE AMER PICÓN
3 CL DE RON BLANCO

Se prepara en vaso mezclador, con hielo.
Remover con la cucharilla y servir en copa de cóctel escarchada.
Se decora con una corteza de limón.

COLONIAL

Para una persona

4 CL DE PINEAU DE CHARENTE
2 CL DE RON MORENO
2 GOLPES DE JARABE DE PIÑA

Se prepara en coctelera, con hielo.
Agitar bien, colar y servir en copa redonda.

MADININA

Para una persona

3 CL DE ZUMO DE NARANJA
3 CL DE ZUMO DE PIÑA
1 CL DE LICOR CREOLE SCHRUB
3 CL DE RON BLANCO
1 GOLPE DE LICOR DE FRESA

Se prepara en batidora, con hielo picado.
Batir bien, colar y servir en vaso alto.
Se decora con un gajo de piña y media naranja.

BAKUA

Para una persona

1 PLÁTANO
1 CL DE LICOR DE CHOCOLATE BLANCO
3 CL DE ZUMO DE PIÑA
1 GOLPE DE RON AÑEJO

Se prepara en batidora.
Batir rápidamente y servir en vaso alto, decorado con un gajo de piña y dos rodajas de plátano.

MAI-TAI

Para una persona

3 CL DE ZUMO DE LIMÓN VERDE
1 CL DE CURAÇAO BLANCO
3 CL DE RON BLANCO
1 CL DE RON MORENO
1 GOLPE DE LECHE DE ALMENDRAS

Se prepara en coctelera, con hielo.
Agitar, colar y servir en copa de cóctel.

MALLORCA

Para una persona

1,5 CL DE CREMA DE PLÁTANO
1,5 CL DE DRAMBUIE
2 CL DE VERMUT SECO
2 CL DE RON BLANCO

Se prepara en vaso mezclador, con hielo.
Remover con la cucharilla y servir en copa de cóctel, sin decoración.

MAYA

Para una persona

2,5 CL DE SAINT-RAPHAËL
2,5 CL DE MARTINI BLANCO
1 CL DE RON BLANCO
1 CL DE SHERRY CREAM

Se prepara en coctelera, con hielo.
Agitar bien, colar y servir en vaso bajo.
Se decora con una guinda y una corteza de naranja.

MARIE-LOU

Para una persona

0,5 CL DE LIMÓN
0,5 CL DE LICOR DE COCO
1,5 CL DE CURAÇAO
1,5 CL DE LICOR DE FRESA
3 CL DE RON BLANCO

Se prepara en coctelera, con hielo.
Agitar, colar y servir en copa de cóctel.
Se decora con una guinda y media rodaja de limón.

MARION

Para una persona

1 CL DE ZUMO DE FRUTO DE LA PASIÓN
1,5 CL DE ZUMO DE MELOCOTÓN
1,5 CL DE MANDARINA IMPERIAL
3 CL DE RON BLANCO

Se prepara en coctelera, con hielo.
Agitar, colar y servir en copa de cóctel, con una rueda de manzana y una guinda.

MARINER

Para una persona

1 CL DE LIMÓN VERDE
2,5 CL DE ZUMO DE NARANJA
4 CL DE RON BLANCO
1 GOLPE DE GRANADINA

Se prepara en coctelera, con hielo.
Agitar bien, colar y servir en copa de cóctel.

NOT TOO BAD
Para una persona

2 CL DE LICOR DE PLÁTANO
0,5 CL DE MANDARINA IMPERIAL
3 CL DE RON BLANCO
1 GOLPE DE CURAÇAO AZUL

Se prepara en vaso mezclador, con hielo.
Remover con la cucharilla y servir en copa de cóctel.
Se decora con una rodaja de plátano y una guinda.

PARIS BLUES-T-IL?
Para una persona

2 CL DE LICOR DE FRUTO DE LA PASIÓN
2 CL DE CURAÇAO AZUL
3 CL DE RON BLANCO

Se prepara en coctelera, con hielo.
Agitar, colar y servir en copa de cóctel.
Se decora con una corteza de limón verde.

NUDO PAP
Para una persona

2 CL DE ZUMO DE MELOCOTÓN
1 GOLPE DE CAMPARI
2 GOLPES DE LICOR DE FRESA
1,5 CL DE AMARETTO
3 CL DE RON BLANCO

Se prepara en coctelera, con hielo.
Agitar, colar y servir en copa de cóctel.
Se decora con una o dos guindas, pinchadas en una corteza grande de limón.

PIPE-LINE
Para una persona

2 CL DE ZUMO DE LIMÓN
2 CL DE APRICOT BRANDY
3 CL DE RON BLANCO

Se prepara en coctelera, con hielo.
Agitar, colar y servir en copa de cóctel.

PASODOBLE
Para una persona

0,5 CL DE LIMÓN
0,5 CL DE CREMA DE PLÁTANO
1 CL DE PASSOA MARACUYÁ
3 CL DE RON BLANCO
1 GOLPE DE GRANADINA

Se prepara en coctelera, con hielo.
Agitar, colar y servir en copa de cóctel.
Se decora con una brocheta de guindas, plátano y hojas de menta.

PLANTERS
Para una persona

2 CL DE ZUMO DE LIMÓN VERDE
2 CL DE ZUMO DE NARANJA
4 CL DE RON BLANCO
1 GOLPE DE AZÚCAR DE CAÑA
1 GOLPE DE ANGOSTURA
1 PIZCA DE NUEZ MOSCADA

Se prepara en coctelera, con hielo.
Agitar, colar y servir en copa de cóctel decorada con una rodaja de limón verde.

PANTERA ROSA

Para una persona

0,5 CL DE ZUMO DE PIÑA
1 CL DE ZUMO DE LIMÓN
2 CL DE CREMA
DE MELOCOTÓN
1,5 CL DE LICOR DE FRESA
2 CL DE RON BLANCO

Se prepara en coctelera, con hielo.
Agitar, colar y servir en vaso alto, con cubitos de hielo.
Se decora con una fresa pasada por azúcar glas.

PINK ELEPHANT

Para una persona

2 CL DE RON BLANCO
1,5 CL DE LICOR DE PLÁTANO
2,5 CL DE ZUMO DE PIÑA
0,5 CL DE LICOR DE COCO
1 GOLPE DE GRANADINA

Se prepara en coctelera, con hielo.
Agita, bien, colar y servir en copa de cóctel.
Se decora con media rodaja de naranja y una guinda.

PIÑA COLADA Nº 2

Para una persona

3 CL DE ZUMO DE PIÑA
2 CL DE LICOR DE COCO
2 CL DE RON BLANCO
1 GOLPE DE LECHE DE ALMENDRAS

Se prepara en coctelera, con hielo.
Agitar, colar y servir en copa de cóctel.

SEA-SIDE

Para una persona

1,5 CL DE ZUMO DE LIMÓN
1,5 CL DE CURAÇAO AZUL
4 CL DE RON BLANCO
1 GOLPE DE CURAÇAO AMARILLO

Se prepara en coctelera, con hielo.
Agitar, colar y servir en copa de cóctel.

THALASSA

Para una persona

1 CL DE LIMÓN VERDE
3 CL DE ZUMO DE GUAYABA
1 CL DE COINTREAU
2 CL DE PÊCHER MIGNON
3 CL DE RON BLANCO

Se prepara en batidora, con hielo picado.
Batir, colar y servir en vaso alto, con una rodaja de limón verde.

OCÉANO

Para una persona

1,5 DE ZUMO DE FRUTO DE LA PASIÓN
1,5 CL DE CURAÇAO AZUL
0,5 CL DE ZUMO DE ALBARICOQUE
3 CL DE RON BLANCO
1 GOLPE DE ANISETE

Se prepara en coctelera, con hielo.
Agitar, colar y servir en vaso bajo. Se decora con una guinda pinchada en un gajo de albaricoque.

PRESIDENT 1

Para una persona

2 CL DE CURAÇAO AMARILLO
2 CL DE MARTINI SECO
3 CL DE RON BLANCO
1 GOLPE DE GRANADINA

Se prepara en vaso mezclador, con hielo.
Remover muy fuerte con la cucharilla y servir en vaso alto.
Se decora con media rodaja de limón verde.

SUEÑO ANTILLANO

Para una persona

1,5 CL DE ZUMO DE LIMÓN VERDE
1 CL DE CURAÇAO
2 CL DE ZUMO DE PIÑA
3 CL DE RON BLANCO

Se prepara en coctelera, con hielo.
Agitar, colar y servir en copa de cóctel.
Se decora con una rodaja de limón verde.

SEÑOR PRESIDENTE

Para una persona

2 CL DE CURAÇAO VERDE
2 CL DE CINZANO SECO
3 CL DE RON BLANCO
1 GOLPE DE PISANG

Se prepara en vaso mezclador, con hielo.
Remover fuertemente con la cucharilla y servir en vaso alto.
Se decora con una rodaja de limón verde.

SANTIAGO

Para una persona

2 GOLPES DE ZUMO DE LIMÓN
2 CL DE APRICOT BRANDY
4 CL DE RON BLANCO

Se prepara en coctelera, con hielo.
Agitar, colar y servir en copa de cóctel.

SEA STONE

Para una persona

3 CL DE MALIBÚ
1,5 CL DE COINTREAU
1 CL DE COCO LÓPEZ
1,5 CL DE RON BLANCO
ZUMO DE PIÑA

Se prepara en coctelera, con hielo.
Agitar, colar y servir en vaso alto.
Completar con zumo de piña.
Se decora con una brocheta de piña.

SHANGAI

Para una persona

2 GOLPES DE GRANADINA
2 GOLPES DE PASTIS
EL ZUMO DE ¼ DE LIMÓN
4 CL DE RON BLANCO

Se prepara en coctelera, con hielo.
Agitar, colar y servir en copa de cóctel.

SISSÍ

Para una persona

2,5 CL DE RON BLANCO
2,5 CL DE VODKA
1 CL DE LICOR DE MANDARINA
1 CL DE JARABE DE LIMÓN
1 GOLPE DE ANGOSTURA

Se prepara en coctelera, con hielo.
Agitar, colar y servir en copa de cóctel.
Se decora con una guinda verde y otra roja.

SOUTH SEA COFFEE

Para una persona

1 YEMA DE HUEVO
4 CL DE CAFÉ CARGADO (FRÍO)
2 CL DE CREMA DE VAINILLA
4 CL DE RON MORENO
1 CUCHARADA SOPERA DE NATA LÍQUIDA
AZÚCAR O MIEL AL GUSTO
CANELA MOLIDA

Se prepara en coctelera, con hielo.
Agitar enérgicamente, colar y servir en vaso alto.

SKYLAB

Para una persona

1 CL DE ZUMO DE LIMÓN
1 GOTA DE ANGOSTURA
3 CL DE CHERRY BRANDY
4 CL DE RON BLANCO

Se prepara en coctelera, con hielo.
Agitar, colar y servir en copa doble de cóctel.
Se decora con un ramillete de menta, media rodaja de naranja, media de limón, una guinda y una fresa.

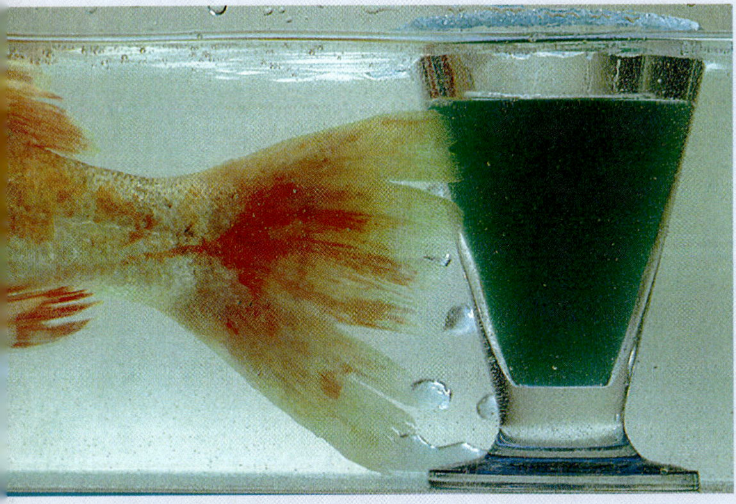

SIRENA

Para una persona

1,5 CL DE ZUMO DE PIÑA
1,5 CL DE CURAÇAO AZUL
0,5 CL DE ZUMO DE LIMÓN
1 CL DE CURAÇAO VERDE
3,5 CL DE RON BLANCO

Se prepara en coctelera, con hielo.
Agitar, colar y servir en copa de cóctel escarchada de curaçao verde o azul.

SWEET SURPRISE

Para una persona

2 CL DE ZUMO DE NARANJA
1 CL DE ZUMO DE LIMÓN
1 CL DE GRAND MARNIER
1 CL DE RON MORENO
1 GOLPE DE PASTIS
1 CL DE GRANADINA
2 CL DE RON BLANCO

Se prepara en coctelera, con hielo.
Agitar enérgicamente, colar y servir.
Se decora con una rodaja de naranja, otra de limón, una guinda y hojas de menta.

CHIN-CHIN FOR LADY

Para una persona

2 CL DE ZUMO DE POMELO
4 GOLPES DE GRANADINA
1 CL DE MARRASQUINO
6 CL DE RON BLANCO

Se prepara en coctelera, con hielo.
Agitar enérgicamente, colar y servir en copa doble de cóctel, escarchada de azúcar.
Se decora con una rodaja de naranja y una guinda.

TIBO

Para una persona

2 CL DE GRAND MARNIER
1 CL DE CREMA DE PLÁTANO
3 CL DE RON BLANCO

Se prepara en coctelera, con hielo.
Agitar, colar y servir en copa de cóctel.

VIBRACIÓN

Para una persona

2,5 CL DE MARIE BRIZARD
1,5 CL DE COINTREAU
3 CL DE RON BLANCO

Se prepara en coctelera, con hielo.
Agitar, colar y servir en copa de cóctel.
Se decora con una corteza de naranja.

ZILFI

Para una persona

1,5 CL DE ZUMO DE POMELO
1,5 CL ZUMO DE LIMÓN VERDE
1,5 CL DE ALMÍBAR DE CAÑA
3 CL DE RON BLANCO
1 GOLPE DE GRANADINA

Se prepara en coctelera, con hielo.
Agitar, colar y servir en copa de cóctel.
Se decora con fruta del tiempo y hojas de menta.

ZOMBI

Para una persona

4 CL DE ZUMO DE GUAYABA
1 CL DE TÍA MARÍA O KAHLÚA
2 CL DE LICOR DE COCO
3 CL DE RON MORENO AÑEJO

Se prepara en coctelera, con hielo.
Agitar, colar y servir en copa de cóctel.

Se puede poner un golpe de nata, con lo que se obtiene una copa más cremosa.

CÓCTELES TAHITIANOS

Como se puede ver por las cantidades de alcohol que contienen, no son precisamente para alfeñiques. Por ello conviene disfrutarlos con mesura, como todo en esta vida.

MAITAI

Para una persona

4 CL DE ZUMO DE PIÑA
4 CL DE ZUMO DE NARANJA
2 CL DE CURAÇAO
2 CL DE CREMA DE CACAO
3 CL DE RON BLANCO
2 CL DE RON MORENO
1 CL DE GRANADINA

Se prepara en coctelera, con hielo.
Agitar, colar y servir en copa de cóctel.

TAMOURE

Para una persona

4 CL DE COCO LÓPEZ
2 CL DE COINTREAU
2 CL DE CREMA DE CACAO
4 CL DE RON BLANCO
4 CL DE ZUMO DE PIÑA

Se prepara en coctelera, con hielo.
Agitar, colar y servir en copa de cóctel.

KAMAINO

Para una persona

2 CL DE CREMA DE PLÁTANO
2 CL DE GRAND MARNIER
4 CL DE RON BLANCO
ZUMO DE PIÑA

Se prepara en coctelera, con hielo.
Agitar, colar y servir en vaso alto.
Completar con zumo de piña.

AL TEQUILA

Es un aguardiente de sabor característico y entre 45 ° y 55 °, que toma su nombre del municipio de Tequila, situado en el estado mexicano de Jalisco.

Se elabora mediante la fermentación y posterior destilación de la savia del magüey y tequilero, un gran agave (especie de cactus) que pesa de 40 kg a 80 kg. Se emplean dos tipos de agave para su obtención: el agave azul y el agave tequilana.

Estas plantas, despojadas de raíces y hojas, son sometidas a torrefacción, durante la que ciertas sustancias se transforman en azúcares. Después, por prensado, se obtiene una pasta a la que se añade agua; la mezcla resultante pasa por una ligera cocción, tras la cual se incorpora levadura para acelerar la fermentación (ocho días); el líquido se somete entonces a doble destilación, de la que resulta el incomparable tequila.

ABAKILA

Para una persona

2,5 CL DE ZUMO DE PIÑA
1,5 CL DE LICOR DE PLÁTANO
0,5 CL DE KIBOWI
2 CL DE TEQUILA

Se prepara en coctelera, con hielo.
Agitar, colar y servir en copa de cóctel.
Se decora con una rodaja de kiwi, una de plátano y un gajo de piña.

ARA TEQUILA

Para una persona

2,5 CL DE ZUMO DE LIMÓN
1 GOLPE DE ALMÍBAR
4 CL DE TEQUILA
1 GOLPE DE JARABE DE MENTA
TÓNICA

Se prepara en vaso mezclador, con hielo.
Remover con la cucharilla y servir en copa pilsener. Completar con tónica.

AZTECA

Para una persona

EL ZUMO DE ½ LIMÓN VERDE
1 GOLPE DE ALMÍBAR
1 GAJO DE MANGO
4 CL DE TEQUILA

Se prepara en batidora, con medio vaso de hielo picado.
Batir, colar y servir.
Se decora con media rodaja de limón verde.

AMBASSADOR

Para una persona

4 CL DE TEQUILA
2 CL DE ALMÍBAR
ZUMO DE NARANJA

Se prepara directamente en vaso alto, con hielo.
Escanciar los ingredientes, completar con zumo de naranja y mezclar con la cucharilla.
Se sirve con pajita.

BRIBERY

Para una persona

2 CL DE CURAÇAO VERDE
4 CL DE ZUMO DE POMELO
4 CL DE TEQUILA
1 CL DE PISANG

Se prepara en coctelera, con hielo.
Agitar, colar y servir en vaso alto con pajita.
Se decora con media rodaja de pomelo y dos plátanos.

CARAMBA

Para una persona

3 CL DE TEQUILA
2 CL DE TÍA MARÍA
2 CL DE BÉNÉDICTINE
3 GOLPES DE NATA LÍQUIDA

Se prepara en coctelera, con hielo.
Agitar enérgicamente, colar y servir en copa de cóctel, espolvoreado con café molido.

CASAMANCE

Para una persona

3 CL DE LICOR DE CHOCOLATE BLANCO
2 CL DE TEQUILA
1,5 CL DE CREMA DE MENTA BLANCA
1 GOLPE DE CURAÇAO AZUL

Se prepara en coctelera, con hielo.
Agitar, colar y servir en copa de cóctel, espolvoreado con chocolate rallado o cacao.

RONDÓ

Para una persona

1 CL DE MARTINI ROJO
1 CL DE CAMPARI
1 CL DE LICOR DE FRESA
1,5 CL DE LICOR DE PERA
2,5 CL DE TEQUILA

Se prepara en vaso mezclador, con hielo.
Remover con la cucharilla y servir en copa de cóctel.
Se decora con dos o tres guindas en aguardiente.

CONCHITA

Para una persona

4 CL DE TEQUILA
3 CL DE ZUMO DE POMELO
2 CL DE ZUMO DE LIMÓN VERDE
1 CL DE ALMÍBAR DE CAÑA

Se prepara en coctelera, con hielo.
Agitar, colar y servir en vaso bajo, con una pajita corta y unos cubitos de hielo.
Se decora con media rodaja de limón verde.

FERIA

Para una persona

3 CL DE TEQUILA
1 CL DE SAFARI
2 CL DE LICOR DE FRAMBUESA

Se prepara en coctelera, con hielo.
Agitar bien, colar y servir en copa de cóctel.
Se puede decorar con una corteza de limón y unas frambuesas.

1789

Para una persona

2 CL DE NÉCTAR DE PLÁTANO
1,5 CL DE CREMA
DE MELOCOTÓN
0,5 CL DE LICOR DE FRESA
0,5 CL DE CURAÇAO AZUL
2 CL DE TEQUILA

Se prepara en coctelera, con hielo.
Agitar, colar y servir en vaso alto, con una brocheta de plátano y fresas atravesadas en el borde.

DURANGO

Para una persona

4 CL DE TEQUILA
8 CL DE ZUMO DE POMELO
2 CL DE AMARETTO
SODA

Se prepara en coctelera, con hielo.
Agitar, colar y servir en vaso alto con unos cubitos de hielo.
Completar con soda y presentar con una pajita.
Se decora con un gajo de pomelo, una guinda y hojas de menta.

DIABLO

Para una persona

2 CL DE CASSIS
4 CL DE TEQUILA
GINGER ALE

Se prepara en coctelera, con hielo.
Agitar bien, colar y servir en vaso alto. Completar con ginger ale.

MANZANILLO

Para una persona

4 CL DE ZUMO DE GUAYABA
2 CL DE ZUMO DE PIÑA
1 CL DE COINTREAU
4 CL DE TEQUILA
1 GOLPE DE GRANADINA

Se prepara en coctelera, con hielo.
Agitar enérgicamente, colar y servir en vaso bajo, con pajita corta.
Se decora con un gajo de piña.

NOVILLADA

Para una persona

1 CL DE LIMÓN VERDE
2,5 CL DE APRICOT BRANDY
2,5 CL DE TEQUILA
1 GOLPE DE JARABE DE FRESA
SODA

Se prepara en coctelera, con hielo.
Agitar, colar y completar con soda.
Se sirve en vaso alto, con una rodaja de limón verde.

SOMBRERO

Para una persona

2,5 CL DE DRAMBUIE
2,5 CL DE TEQUILA
1 CL DE NOILLY PRAT

Se prepara en vaso mezclador, con hielo.
Remover con la cucharilla y servir en copa de cóctel, decorada con una corteza de limón.

NOCHE DE FRANCIA

Para una persona

2 CL DE COINTREAU
0,5 CL DE CURAÇAO AZUL
3 CL DE TEQUILA
1,5 CL DE GRANADINA

Se prepara en coctelera, con hielo.
Agitar, colar y servir en copa de cóctel.

TEQUINI

Para una persona

1,5 CL DE MARTINI SECO
5,5 CL DE TEQUILA

Se prepara en vaso mezclador, con hielo.
Remover con la cucharilla y servir en copa de cóctel.

CÓCTEL DE TEQUILA

Para una persona

EL ZUMO DE UN LIMÓN VERDE
1 CL DE ALMÍBAR DE CAÑA
2 CL DE ZUMO DE FRUTO DE LA PASIÓN
1 CL DE LICOR DE PLÁTANO
4 CL DE TEQUILA

Se prepara directamente en vaso alto, con hielo.
Remover bien con la cucharilla mezcladora y presentar con pajita.
Se decora con una rodaja de limón verde acanalada y dos rodajas de plátano.

SWÄNPÖL

Para una persona

1 CL DE CAMPARI
1,5 CL DE LICOR DE PLÁTANO
3 CL DE ZUMO DE PIÑA
2 CL DE TEQUILA

Se prepara en coctelera, con hielo.
Agitar, colar y servir en copa de cóctel.
Se decora con una guinda y una hoja de menta.

TEQUILA DAISY

Para una persona

2 CL DE ZUMO DE LIMÓN
4 CL DE TEQUILA
1 GOLPE DE GRANADINA

Se prepara en coctelera, con hielo.
Agitar enérgicamente, colar y servir en copa de cóctel.
Se decora con media rodaja de limón.

TÉRMINUS

Para una persona

1 CLARA DE HUEVO
2 CL DE AMARETTO
2 CL DE ZUMO DE FRUTO DE LA PASIÓN
4 CL DE TEQUILA

Se prepara en coctelera, con hielo.
Agitar, colar y servir en copa de cóctel.

TREN DE ALTA VELOCIDAD

Para una persona

2 CL DE VERMUT
4 CL DE TEQUILA

Se prepara en vaso mezclador, con hielo.
Remover con la cucharilla y servir en copa de cóctel.

TORREÓN

Para una persona

3 CL DE LICOR DE CHOCOLATE BLANCO
4 CL DE TEQUILA
2 CL DE NATA LÍQUIDA

Se prepara en coctelera, con hielo.
Agitar, colar y servir en doble copa de cóctel, escarchada de azúcar.
Espolvorear con chocolate molido.

AL VODKA

Aunque el vodka se suele elaborar a partir del trigo, también se obtiene del maíz, el centeno, la patata o la remolacha.

Durante siglos ha sido la bebida típica de rusos, polacos y finlandeses, pero hoy en día se produce en todo el mundo.

Parece que se inventó en Polonia en el siglo VIII. Como en casi toda Europa, los encargados de la elaboración del aguardiente eran los monjes, tal vez asistidos por los misioneros irlandeses peritos en la fabricación del whisky.

A partir del siglo XV, el aguardiente polaco comienza a difundirse en las cortes centroeuropeas y particularmente en Rusia, donde era muy apreciado. En el siglo XVI el zar Iván el Terrible, entusiasta partidario del vodka, lo convirtió de hecho en la bebida nacional de su país, cuyas estepas son muy ricas en todo tipo de cereales.

Con el perfeccionamiento de las técnicas de obtención y depuración, y más tarde con la industrialización, el vodka siguió siendo la bebida más apreciada en Polonia y la antigua URSS. Sirva como ejemplo el que la fábrica Moskowskaya, de Moscú, llegó a producir al día un millón de botellas, de cuarto de litro a dos litros.

Ruso, polaco o finlandés, el vodka se toma helado, en pequeños cubiletes enfriados en el congelador.

ALIBÍ

Para una persona

1,5 CL DE AMARETTO
4 CL DE VODKA
0,5 CL DE NATA LÍQUIDA
0,5 CL DE GRANADINA

Se prepara en coctelera, con hielo.
Agitar, colar y servir en copa de cóctel.
Se decora con una mandarina confitada, a ser posible con sus hojas.

AURORA

Para una persona

1 CL DE LICOR DE CAFÉ
0,5 CL DE LECHE DE ALMENDRAS
2 CL DE LICOR DE FRESA
3 CL DE VODKA
CAVA BRUT

Se prepara en coctelera, con hielo.
Agitar, colar y servir en copa alta de cava. Completar con cava.
Se decora con una corteza de naranja y una guinda en aguardiente.

AZUL CELESTE

Para una persona

2 CL DE MARTINI BLANCO
1 CL DE CURAÇAO AZUL
3 CL DE VODKA MOSKOWSKAYA

Se prepara directamente en vaso bajo, con dos cubitos de hielo.
Se decora con una guinda.

ARAVIS VODKA

Para una persona

1 CL DE JARABE DE NARANJA
1 CL DE GRAND MARNIER
2 CL DE ZUMO DE NARANJA
2 CL DE VODKA

Se prepara en coctelera, con hielo.
Agitar, colar y servir en copa de cóctel.
Se decora con media rodaja de naranja.

PÓQUER DE ASES

Para una persona

1,5 CL DE NOILLY PRAT
1,5 CL DE GRAND MARNIER
1 GOLPE DE LECHE DE ALMENDRAS
1 GOLPE DE JARABE DE NARANJA
3,5 CL DE VODKA

Se prepara en coctelera, con hielo.
Agitar, colar y servir en copa de cóctel, con una piel de pepino y una rodaja de limón.

COINTREAU REVOLUCIÓN

Para una persona

2 CL DE ZUMO DE PIÑA
1 CL DE PASSOA MARACUYÁ
2 CL DE COINTREAU
1,5 CL DE VODKA
0,5 CL DE CURAÇAO AZUL

Se prepara directamente en vaso alto, con hielo.
Escanciar muy despacio los ingredientes sobre el dorso de la cucharilla, dejando que se deslicen por las paredes del vaso.

Este cóctel se aprecia primero con la pupila, y luego con las papilas.

CÓNSUL

Para una persona

4 CL DE DRAMBUIE
2 CL DE VODKA

Se prepara en coctelera, con hielo.
Agitar, colar y servir en copa de cóctel.

Creado en el histórico Harry's Bar, de París.

CREPÚSCULO Nº 2

Para una persona

1,5 CL DE CAMPARI
1,5 CL DE CREMA DE MELOCOTÓN
4 CL DE VODKA
ZUMO DE PIÑA

Se prepara en coctelera, con hielo.
Agitar, colar y servir en vaso alto, con pajita. Completar con zumo de piña.
Se decora con una rodaja de papaya, una hoja de menta y una guinda en brocheta, puesta dentro del vaso.

COTTON CLUB

Para una persona

2 CL DE ZUMO DE PIÑA
1 CL DE PISANG
3 CL DE VODKA
1 GOLPE DE LECHE DE ALMENDRAS
TÓNICA

Se prepara en coctelera, con hielo.
Agitar, colar y servir en vaso alto.
Completar con tónica.
Se decora con una brocheta de fruta variada.

CRISTA SOLAR

Para una persona

1 CL DE OPORTO SECO
1 CL DE MARTINI SECO
1 CL DE CURAÇAO VERDE
3 CL DE VODKA
2 GOLPES DE ANGOSTURA

Se prepara en coctelera, con hielo.
Agitar, colar y servir en copa de cóctel.
Se decora con una cebollita en vinagre y una corteza de naranja.

FABRICACIÓN DEL VODKA

Actualmente, la mayoría de los vodkas se obtienen de trigo, centeno, patata o remolacha destilados en alambiques de columna.
Los granos o los tubérculos se lavan cuidadosamente antes del prensado. Después de éste se mezclan con agua y se obtiene una especie de papilla, a la que se incorpora levadura para que fermente.
Tras la fermentación, el líquido, de pocos grados, se destila tres veces en los mencionados alambiques de columna.
El resultado de la tercera destilación es un fortísimo brebaje que tiene entre 96° y 98° de alcohol. Se rebaja hasta su graduación de consumo (algo más de 40°) mediante el añadido de agua desmineralizada.
Finalmente, se somete a una última purificación por filtrado a través de carbón de abedul y arena cuárcica, dispuestos en capas que pueden tener hasta ocho metros de espesor.
Por ser tan altamente depurado, se dice del vodka que es una de las bebidas alcohólicas menos nocivas que existen... y también la de sabor más discreto.

VODKAS PERFUMADOS

Hay vodkas rusos o polacos que van aromatizaos con hierbas, pimienta, guindilla o limón.
El más conocido es el polaco ZUBROWKA, a la hierba de bisonte. Se trata ésta de una planta que crece en el Parque Nacional de Balowieska, donde se conservan los últimos ejemplares de bisonte europeo.
Cada botella de Zubrowka contiene una hierba de bisonte, que le da su característica tonalidad amarilloverdosa.

DESIRÉE

Para una persona

0,5 CL DE LIMÓN
1,5 CL DE APRICOT BRANDY
0,5 CL DE CURAÇAO AZUL
1,5 CL DE VODKA
TÓNICA

Se prepara en coctelera, con mucho hielo.
Agitar, colar y servir en vaso alto.
Completar con tónica.
Se decora con dos guindas pinchadas en una rodaja de limón verde.

DULZURA

Para una persona

1,5 CL DE KIBOWI
0,5 CL DE LICOR DE PLÁTANO
2 CL DE ZUMO DE PIÑA
3 CL DE VODKA
1 GOLPE DE GRANADINA

Se prepara en vaso mezclador, con hielo.
Remover muy bien con la cucharilla y servir en copa de cóctel.
Se decora con una rodaja de limón y dos de mandarina.

FÓRMULA III

Para una persona

2 CL DE LICOR DE FRESA
4 CL DE VODKA
ZUMO DE POMELO

Se prepara directamente en vaso alto, con hielo.
Se decora con una rodaja de naranja, otra de limón y dos guindas.

Creado por Serge Boniface, jefe de barra de la Terrasse Martini, en París.

FANTASÍA

Para una persona

2 CL DE ZUMO DE POMELO
CL DE CHERRY BRANDY
1,5 CL DE CHARTREUSE AMARILLO
3,5 CL DE VODKA

Se prepara en vaso mezclador, con mucho hielo.
Remover con la cucharilla y servir en vaso bajo.
Se decora con media rodaja de naranja y una guinda al marrasquino.

IN THE MOOD

Para una persona

4 CL DE APRICOT BRANDY
2 CL DE VODKA
1 GOLPE DE LIMÓN
1 GOLPE DE GRANADINA

Se prepara en coctelera, con hielo.
Agitar, colar y servir en copa de cóctel.
Se decora con una corteza de limón.

ISBA

Para una persona

2 GOLPES DE ZUMO DE LIMÓN
1,5 CL DE VERMUT BLANCO
1,5 CL DE APRICOT BRANDY
4 CL DE VODKA

Se prepara en coctelera, con hielo.
Agitar, colar y servir en copa de cóctel adornada con una rodaja de piña.

Creado por André Marsaudon, jefe de barra del Hotel Príncipe de Gales, de París.

KATRINA

Para una persona

2,5 CL DE ZUMO DE PIÑA
1 CL DE PASSOA MARACUYÁ
2 CL DE VODKA
1 GOLPE DE LICOR DE PERA
INDIAN TONIC

Se prepara en coctelera, con hielo.
Agitar, colar y servir en vaso alto.
Completar con la tónica.
Se decora con un gajo de pera y una guinda.

RULETA

Para una persona

2 CL DE ZUMO DE PIÑA
1,5 CL DE BÉNÉDICTINE
2 CL DE VODKA MOSKOWSKAYA
0,5 CL DE GRANADINA

Se prepara en coctelera, con hielo.
Agitar, colar y servir en copa de cóctel, decorada con una guinda al marrasquino.

KAMPAI

Para una persona

2 CL DE CAMPARI
2 CL DE GRAND MARNIER
2,5 CL DE VODKA

Se prepara en coctelera, con hielo.
Agitar, colar y servir en copa de cóctel.
Se decora con una corteza de naranja.

LETICIA

Para una persona

2 CL DE ZUMO DE FRUTA TROPICAL
0,5 CL DE AMARETTO
1,5 CL DE APRICOT BRANDY
3 CL DE VODKA
1 GOLPE DE GRANADINA

Se prepara en coctelera, con hielo.
Agitar, colar y servir en vaso alto, con cubitos de hielo. Completar con zumo de fruta tropical.
Se decora con una guinda pinchada en un gajo de limón.

LAPONIA

Para una persona

2 CL DE NOILLY PRAT
1 CL DE CHERRY BRANDY
4 CL DE VODKA FINLANDÉS

Se prepara en vaso mezclador, con hielo.
Remover bien con cucharilla y servir en copa de cóctel, con una guinda en aguardiente.

PASIONARIA

Para una persona

3 CL DE ZUMO DE
FRUTO DE LA PASIÓN
1,5 CL DE CREMA DE PLÁTANO
3 CL DE VODKA

Se prepara en coctelera, con hielo.
Agitar, colar y servir en copa de cóctel.

LITTLE ONE

Para una persona

3 CL DE ZUMO DE POMELO
0,5 CL DE APRICOT BRANDY
0,5 CL DE PARFAIT AMOUR
1,5 CL DE CURAÇAO AZUL
1,5 CL DE VODKA
ZUMO DE POMELO

Se prepara en coctelera, con hielo.
Agitar, colar y servir en vaso alto.
Completar con zumo de pomelo.

OGUAY

Para una persona

2 CL DE ZUMO DE NARANJA
2 CL DE SAFARI
2 CL DE VODKA MOSKOWSKAYA
1 GOLPE DE GRANADINA

Se prepara en coctelera, con hielo.
Agitar y colar. Servir en copa de cóctel decorada con una guinda, media rodaja de naranja y una hoja de menta.

OKOPULCO

Para una persona

2 CL DE KIBOWI
2 CL DE VODKA
1 CL DE LECHE DE ALMENDRAS
1 CL DE NATA LÍQUIDA

Se prepara en coctelera, con hielo.
Agitar, colar y servir en copa de cóctel escarchada de verde.
Se decora con trocitos de almendra.

ORQUÍDEA

Para una persona

1,5 CL DE ZUMO DE POMELO
2 CL DE ZUMO DE NARANJA
1,5 CL DE CREMA DE FRAMBUESA
2 CL DE VODKA WYBOROWA

Se prepara en coctelera, con hielo.
Agitar, colar y servir en copa de cóctel.
Se decora con un gajo de pomelo, uno de naranja y una guinda en brocheta.

NEVER AGAIN

Para una persona

0,5 CL DE LICOR DE CAFÉ
1,5 CL DE AMARETTO
2 CL DE NÉCTAR DE PLÁTANO
3 CL DE VODKA

Se prepara en coctelera, con hielo.
Agitar, colar y servir en copa de cóctel, espolvoreada de café molido.
Se decora con rodajas de plátano y media rodaja de naranja.

MOSCOW MULE

Para una persona

6 CL DE VODKA
GINGER ALE

Se prepara directamente en copa de fizz, con hielo picado.
Revolver bien con la cucharilla mezcladora y completar con ginger ale.
Se decora con una piel de pepino y una corteza de limón.

MOSCOW SLING

Para una persona

1 CL DE SAINT-RAPHAËL ROJO
3 CL DE CHERRY BRANDY
3 CL DE VODKA
1 GOLPE DE ZUMO DE LIMÓN
GINGER ALE

Se prepara en coctelera, con hielo.
Agitar, colar y servir en vaso alto.
Completar con ginger ale.
Se decora con una rodaja de limón y se presenta con pajita.

FRENCH PINK

Para una persona

1,5 CL DE NÉCTAR DE GUAYABA
1,5 CL DE NOILLY PRAT
2 CL DE TRIPLE SECO
2 CL DE VODKA
1 GOLPE DE LICOR DE FRESA

Se prepara en coctelera, con hielo.
Agitar, colar y servir en copa de cóctel decorada con una fresa.

MADAME ROSE

Para una persona

1 CL DE MARTINI BLANCO
0,5 CL DE BÉNÉDICTINE
0,5 CL DE PÊCHER MIGNON
3,5 CL DE VODKA

Se prepara en coctelera, con hielo.
Agitar rápidamente, colar y servir en copa de cóctel.
Se decora con un gajo de melocotón.

NUBE ROSA

Para una persona

2 CL DE LICOR DE AVELLANA
2 CL DE VODKA
2 CL DE NATA LÍQUIDA
1 GOLPE DE GRANADINA

Se prepara en coctelera, con hielo.
Agitar muy fuerte, colar y servir en copa de cóctel, espolvoreada con nuez moscada.

STAR APPEAL

Para una persona

1 GOLPE DE MARTINI BLANCO
1 CL DE COINTREAU
1 CL DE APRICOT BRANDY
2 CL DE CHERRY BRANDY
2,5 CL DE VODKA
ZUMO DE POMELO

Se prepara en coctelera, con hielo.
Agitar, colar y servir en vaso alto.
Completar con zumo de pomelo.
Se decora con una corteza de naranja y una guinda pinchada en un gajo de piña.

MARY

Para una persona

1 CL DE LIMÓN
2,5 CL DE LICOR DE FRAMBUESA
3 CL DE VODKA
CAVA BRUT

Se prepara en coctelera, con hielo.
Agitar, colar y servir en copa alta.
Completar con el cava.
Se decora con una hoja de menta y una guinda en el borde de la copa.

PINK

Para una persona

0,5 CL DE CAMPARI
1 CL DE NOILLY PRAT
1,5 CL DE CHERRY BRANDY
3 CL DE VODKA
1 GOLPE DE ANGOSTURA

Se prepara en vaso mezclador, con mucho hielo.
Remover bien con la cucharilla y servir en copa de cóctel.
Se decora con una guinda en aguardiente.

STRIPPER

Para una persona

2 CL DE MALIBÚ
1 CL DE LICOR DE CHOCOLATE BLANCO
3 CL DE VODKA
1 GOLPE DE ALMÍBAR
1 DEDO DE GRANADINA
ZUMO DE NARANJA

Se prepara en coctelera, con hielo.
Agitar, colar y servir en vaso alto.
Completar con zumo de naranja.

VENUS

Para una persona

1,5 CL DE NOILLY PRAT
1,5 CL DE APRICOT BRANDY
4 CL DE VODKA

Se prepara en vaso mezclador, con hielo.
Remover bien y servir en copa de cóctel.
Se decora con una guinda y una hoja de menta.

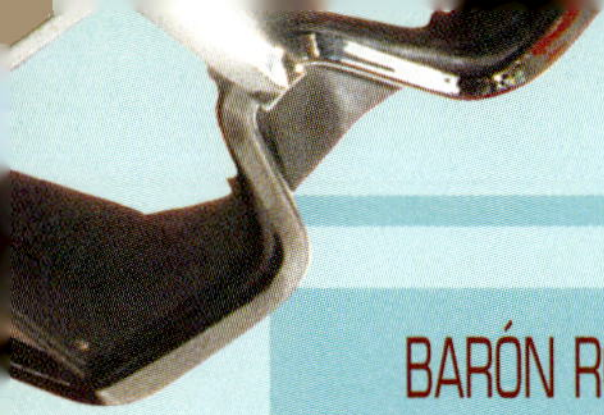

BARÓN ROJO

Para una persona

1,5 CL DE LIMÓN
0,5 CL DE CASSIS
3,5 CL DE CREMA DE MELOCOTÓN
2 CL DE VODKA

Se prepara en coctelera, con hielo.
Agitar, colar y servir en copa de cóctel decorada con grosellas rojas.

OVNI

Para una persona

1 GOLPE DE CAMPARI
1 CL DE COINTREAU
3 CL DE MARTINI SECO
3 CL DE VODKA

Se prepara en vaso mezclador, con hielo.
Remover con la cucharilla y servir en copa de cóctel.

RED RUSSIAN

Para una persona

1,5 CL DE APRICOT BRANDY
3 CL DE CHERRY BRANDY
2,5 CL DE VODKA

Se prepara en vaso mezclador, con hielo.
Remover y servir en copa de cóctel, decorada con una corteza de limón y dos guindas en aguardiente.

REEPERBAHN

Para una persona

2 CL DE ZUMO DE LIMÓN
2 CL DE COINTREAU
2 CL DE VODKA
2 CL DE GRANADINA

Se prepara en coctelera, con hielo.
Agitar, colar y servir en copa de cóctel.

ROLLER ROCK

Para una persona

2 CL DE CREMA DE CACAO.
2 CL DE CHARTREUSE AMARILLO
3 CL DE VODKA

En vaso alto, con hielo. Decorar con una corteza de naranja.

RESIDENCE

Para una persona

3 CL DE COINTREAU
2 CL DE ZUMO DE POMELO
2 CL DE VODKA
1 GOLPE DE CURAÇAO AZUL

Se prepara en coctelera, con hielo.
Agitar bien, colar y servir en copa de cóctel.
Se decora con una guinda y una corteza de pomelo.

SHORT FELLOW

Para una persona

2 CL DE MARTINI BLANCO
2 CL DE CURAÇAO
3 CL DE VODKA

Se prepara en coctelera, con hielo.
Agitar, colar y servir en copa de cóctel, con una o dos guindas a modo de decoración.

S.W.I.

Para una persona

2 CL DE ZUMO DE NARANJA
1 CL DE GRAND MARNIER
4 CL DE CAMPARI
2 CL DE VODKA
1 CLARA DE HUEVO

Se prepara en coctelera, con hielo.
Agitar, colar y servir en copa de cóctel, con una corteza de naranja como decoración.

TAKE-OFF

Para una persona

1,5 CL DE LICOR DE CACAO OSCURO
2 CL DE LICOR DE PLÁTANO
2 CL DE VODKA
1,5 CL DE NATA LÍQUIDA

Se prepara en coctelera, con hielo.
Agitar, colar y servir en copa de cóctel.
Se decora con virutas de chocolate.

SPORTING

Para una persona

0,5 CL DE COCONUT
0,5 CL DE LICOR DE PLÁTANO
2 CL DE COINTREAU
3 CL DE VODKA

Se prepara en coctelera, con hielo.
Agitar, colar y servir en copa de cóctel.
Se decora con una guinda y un gajo de coco.

TIC-TAC

Para una persona

2 CL DE SAINT-RAPHAËL ÁMBAR
1 CL DE CURAÇAO
3 CL DE VODKA
1 GOLPE DE ANGOSTURA

Se prepara en vaso mezclador, con hielo.
Remover con la cucharilla y servir en copa de cóctel.
Se decora con una corteza de limón.

TROIKA

Para una persona

2 CL DE AMARETTO
4 CL DE ZUMO DE NARANJA
2 CL DE VODKA MOSKOWSKAYA

Se prepara en coctelera, con hielo.
Agitar, colar y servir en vaso alto, con un poco de hielo.
Se decora con una rodaja de naranja y hojas de menta.

TOPAZ

Para una persona

1 CL DE VERMUT DULCE
1 CL DE AMARETTO
1 CL DE ZUMO DE LIMÓN
3 CL DE VODKA

Se prepara en coctelera, con hielo.
Agitar, colar y servir en copa de cóctel.

TU E IO

Para una persona

2 CL DE NOILLY PRAT
4 CL DE VODKA
1 GOLPE DE APRICOT BRANDY

Se prepara en coctelera, con hielo.
Agitar colar y servir en copa de cóctel.
Se decora con una aceituna y una corteza de limón.

WILLIAMS DRY

Para una persona

1,5 CL DE SAINT-RAPHAËL ROJO
2 CL DE LICOR DE PERA WILLIAMS
3,5 CL DE VODKA

Se prepara en coctelera, con hielo.
Agitar, colar y servir en copa de cóctel.

SOUTHERN COMFORT
The Grand Old Drink of the South
WHISKEY
OLD MEDAL
40%VOL
HARPER

AL WHISKY

El whisky es tan representativo de Escocia como puedan serlo los castillos con fantasma o el monstruo del lago Ness. Su nombre procede del gaélico **usquebaugh**, que a su vez deriva de **uisge beatha**, aguardiente: es lógico que el aguardiente, obtenido desde la aurora de los tiempos por el hombre a partir de cereales, hallase aquí su materia prima en la cebada, muy difundida en el país.

Hay dos tipos de whisky escocés:

– El de malta, que se elabora exclusivamente con cebada malteada.

– El de cereales, que procede de la destilación de una mezcla de cebada malteada, cebada sin maltear y maíz.

Los whiskies norteamericanos e irlandeses, que reciben el nombre de «whiskey», son:

– El de Kentucky, o bourbon, que se elabora principalmente a base de maíz.

– El irlandés, que se obtiene de la destilación de una mezcla de malta y cebada.

– El canadiense, destilado de maíz, centeno, cebada y una pequeña cantidad de trigo.

El método de destilación sería según el tipo de whisky. El de malta se destila a fuego vivo en alambique tradicional (**Pot-still process**), en tanto que el whisky de cereales se destila en alambique Coffey (**Patent-still, o Coffey-still process**).

FABRICACIÓN DEL WHISKY

— EL MALTEADO:
La cebada, después de pasar por un cuidadoso proceso de selección, se pone en agua y se deja germinar entre ocho y doce días. En el momento oportuno, se detiene la germinación y se pone la malta así obtenida en el horno de secado.

— EL MEZCLADO:
La malta se muele y se mezcla con agua caliente, formando un líquido azucarado llamado *mosto* que se deposita en grandes barricas de madera (de 10 000 a 50 000 litros de capacidad). Los residuos sólidos se destinan al engorde del ganado.

— LA FERMENTACIÓN:
Una vez enfriada la malta, se añade levadura para provocar la fermentación. Después de unas 48 horas se obtiene un líquido llamado *wash*, que contiene alcohol sin refinar y de baja graduación.

— LA DESTILACIÓN:
El whisky de malta se destila dos veces en grandes alambiques de cobre (método *Pot-still*), y el whisky de cereales se somete a destilación continua en alambiques Coffey (método *Patent-still o Coffey-still*).

— EL ENVEJECIMIENTO:
Tanto el whisky de malta como el de cereales se envejecen en barricas de roble, que en ocasiones han contenido anteriormente jerez.
El whisky de malta permanece en las barricas durante quince años, o incluso más. El de cereales, si bien es más ligero, no deja de ser genuinamente escocés. Por esa razón debe tener su correspondiente período de envejecimiento.
Una vez concluido éste, los diferentes whiskies se mezclan y dan lugar a los *blended*, que se trasvasan a otras barricas. En ellas se fija su graduación alcohólica mediante el añadido de agua, se incorpora una pequeña cantidad de caramelo para logar el color deseado y se deja reposar el licor hasta el momento en que, tras un cuidadoso filtrado, se embotella.

PRINCIPALES TIPOS DE WHISKEY

AMERICAN WHISKEY:
Se elabora con mosto de cereales fermentado y destilado. No debe tener menos de 40°.

BOURBON WHISKEY:
Es el whiskey por excelencia. Se elabora con cereales, un 51% al menos de cuya cantidad ha de ser maíz. La mezcla fermentada se destila dos veces para obtener un aguardiente de no más de 80°, y se envejece al menos cuatro años en barricas nuevas de roble.

RYE WHISKEY:
Se obtiene por destilación de cereales, con al menos un 51% de centeno. Se envejece en barricas nuevas de roble.

IRISH WHISKEY:
Se elabora con materias primas exclusivamente irlandesas: malta, trigo, centeno, avena y agua del país. Se destila tres veces y se envejece un mínimo de cinco años en barricas de roble. Tiene 40°, y cada marca es producto de una sola destilería.

LOS SHOOTERS

Se preparan directamente en copa de coñac, de manera análoga a los pousse-cafés: cada ingrediente se superpone al anterior, sin que llegue a mezclarse. Se beben de un trago.

YELLOW WORM

Para una persona

1 CL DE CREMA DE PLÁTANO
2,5 CL DE IRISH CREAM
2,5 CL DE TEQUILA

E.T.

Para una persona

1 CL DE CREMA DE MENTA
3 CL DE IRISH CREAM
2 CL DE BOURBON

SLIPPERY CHICKEN

Para una persona

1 CL DE CREMA DE PLÁTANO
3 CL DE IRISH CREAM
2 CL DE GRAND MARNIER

ANGLERS

Para una persona

2 GOLPES DE JARABE DE FRAMBUESA
2 CL DE MARTINI SECO
4 CL DE RYE WHISKEY

Se prepara en coctelera, con hielo.
Agitar, colar y servir en copa de coñac, decorada con una guinda.

BOBBY BURNS

Para una persona

1 CL DE BÉNÉDICTINE
2 CL DE VERMUT ROJO
3,5 CL DE WHISKY ESCOCÉS

Se prepara en vaso mezclador, con hielo.
Remover con la cucharilla y servir en copa de cóctel, sin decoración.

BROWN JUG

Para una persona

3 CL DE LICOR DE CAFÉ
3 CL DE WHISKY ESCOCÉS

Se prepara en vaso mezclador, con hielo.
Remover bien con la cucharilla y servir en copa de coñac.

BLACK JACK

Para una persona

3 CL DE PÊCHER MIGNON
1,5 CL DE SAFARI
2 CL DE WHISKY ESCOCÉS
1 CL DE LECHE DE ALMENDRAS
1 GOLPE DE NATA LÍQUIDA

Se prepara en coctelera, con hielo. Agitar, colar y servir en copa de cóctel.
Se decora con un gajo de melocotón.

BOSTON FLIP

Para una persona

1 YEMA DE HUEVO
1 CUCHARADA DE AZÚCAR GLAS
3 CL DE MADEIRA
3 CL DE BOURBON

Se prepara en coctelera, con hielo.
Agitar, colar y servir en copa de coñac, espolvoreado con nuez moscada.

CHARLY C.

Para una persona

2 CL DE LICOR DE CHOCOLATE BLANCO
1,5 CL DE AMARETTO
1,5 CL DE COINTREAU
2 CL DE BOURBON
1 CL DE NATA LÍQUIDA

Se prepara en coctelera, con hielo.
Agitar, colar y servir en copa de cóctel, espolvoreado con cacao y virutas de chocolate.

CORN FLOWER

Para una persona

1 YEMA DE HUEVO
2 CL DE ZUMO DE NARANJA
2 CL DE COINTREAU
3 CL DE BOURBON

Se prepara en coctelera, con hielo.
Agitar, colar y servir en copa de cóctel, decorada con media rodaja de naranja y una guinda al marrasquino.

DUMBARTON DREAM

Para una persona

3 CL DE ZUMO DE NARANJA
0,5 CL DE LICOR DE PLÁTANO
1,5 CL DE LICOR DE FRESA
2 CL DE WHISKY ESCOCÉS
1 DEDO DE CLARA DE HUEVO

Se prepara en coctelera, con hielo.
Agitar, colar y servir en copa de cóctel.
Se decora con una corteza de naranja y una fresa en el borde de la copa.

EVENING DELIGHT

Para una persona

1 GOLPE DE CURAÇAO ROJO
1 GOLPE DE APRICOT BRANDY
4 CL DE RYE WHISKEY

Se prepara en vaso mezclador, con hielo.
Remover con la cucharilla y servir en copa de coñac.

FERRY BOAT

Para una persona

2 CL DE GRAND MARNIER
2 CL DE LICOR DE CHOCOLATE BLANCO
3 CL DE WHISKY ESCOCÉS
1 GOLPE DE NATA LÍQUIDA

Se prepara en coctelera, con hielo.
Agitar, colar y servir en copa de cóctel.
Se decora con virutas de chocolate y una corteza de naranja en forma de estrella, puesta en el borde de la copa.

GILBERTUS

Para una persona

2 CL DE PASSOA MARACUYÁ
2 CL DE ZUMO DE FRUTO
DE LA PASIÓN
1 CL DE PÊCHER MIGNON
3 CL DE WHISKY ESCOCÉS
1 GOLPE E JARABE DE FRESA

Se prepara en coctelera, con hielo.
Agitar, colar y servir en copa de cóctel.
Se puede decorar con una brocheta formada por melocotón, fresa y una rodaja de fruto de la pasión.

GREEN IRELAND

Para una persona

2 CL DE SAFARI
2 CL DE KUMMEL
3 CL DE WHISKY ESCOCÉS
1 CL DE ALMÍBAR DE CAÑA

Se prepara en coctelera, con hielo.
Agitar, colar y servir en copa de cóctel.

GINGER SMILE

Para una persona

3 CL DE PINEAU DE CHARENTE
3 CL DE WHISKY ESCOCÉS
2 GOLPES DE KIRSCH

Se prepara en vaso mezclador, con hielo.
Remover bien y servir en copa de coñac.

HONEYMOON

Para una persona

EL ZUMO DE MEDIO LIMÓN
3 GOLPES DE CURAÇAO ROJO
3 GOLPES DE APRICOT BRANDY
4 CL DE BOURBON

Se prepara en coctelera, con mucho hielo.
Agitar bien, colar y servir en copa de cóctel.

GX I

Para una persona

1,5 CL DE MALIBÚ
1,5 CL DE ZUMO DE NARANJA
4 CL DE BOURBON
1 GOLPE DE LICOR DE PLÁTANO
1 GOLPE DE NATA LÍQUIDA

Se prepara en coctelera, con hielo.
Agitar, colar y servir en copa de cóctel, con dos rodajas de plátano y una guinda formando brocheta.

INK STREET

Para una persona

1,5 CL DE ZUMO DE NARANJA
1,5 CL DE ZUMO DE LIMÓN
3 CL DE RYE WHISKEY

Se prepara en coctelera, con hielo.
Agitar, colar y servir en copa de cóctel.
Se decora con un cuarto de rodaja de limón y de naranja.

GENERAL LEE

Para una persona

1,5 CL DE OPORTO TINTO
1,5 CL DE ZUMO DE PIÑA
1 GOLPE DE LIMÓN
4 CL DE BOURBON
1 GOLPE DE LICOR DE FRESA

Se prepara en coctelera, con hielo.
Agitar, colar y servir en copa de cóctel.
Se decora con un gajo de piña.

FIVE STAR

Para una persona

1 CL DE AMARETTO
1 CL DE APRICOT BRANDY
3 CL DE WHISKY ESCOCÉS
1 GOLPE DE ANGOSTURA

Se prepara en coctelera, con hielo.
Agitar, colar y servir en copa de cóctel, con una rodaja de limón.

LUISIANA

Para una persona

2 CL DE CREMA
DE MELOCOTÓN
0,5 CL DE AMARETTO
4 CL DE BOURBON

Se prepara en vaso mezclador, con hielo.
Remover con la cucharilla y servir en copa de cóctel.
Se decora con un gajo de melocotón.

MISSISSIPPI

Para una persona

1 CL DE SOUTHERN COMFORT
5,5 CL DE WHISKY BELL´S
0,5 CL DE DOBLE CREMA
DE CASSIS

Se prepara directamente en vaso bajo, con hielo.
Mezclar bien con la cucharilla.

RYE & DRY

Para una persona

3 CL DE WHISKY CANADIENSE
GINGER ALE

Se prepara directamente en vaso alto, con hielo, removiendo bien.

JULEPE DE MENTA

Para una persona

1 CUCHARADA DE ALMÍBAR
HOJAS DE MENTA
4 CL DE BOURBON

Se prepara directamente en tulipa grande, con hielo picado.
Poner en la copa el almíbar y unas hojas de menta. Machacarlas con el mango de la cucharilla mezcladora, llenar de hielo picado y añadir el bourbon. Remover muy bien.
Se decora con una rodaja de limón y una ramita de menta. Se sirve con pajita.

LUCKY LUCIANO

Para una persona

1,5 CL DE MARTINI ROSADO
1 CL DE CAMPARI
2 CL DE AMARETTO
3 CL DE BOURBON

Se prepara en coctelera, con hielo.
Agitar, colar y servir en copa de cóctel, decorada con una corteza de limón verde.

LIBURNIA

Para una persona

2 CL DE AMER PICON
1,5 CL DE GRAND MARNIER
3 CL DE BOURBON
GINGER ALE

Se prepara en coctelera, con hielo.
Agitar, colar y servir en vaso alto.
Completar con ginger ale.
Se decora con una rodaja de naranja y otra de limón.

OBSERVACIONES

— Sólo se puede llamar *scotch whisky* al que se elabora en Escocia.
— Se considera que todo whisky deja de envejecer en cuanto se embotella.
— El *blended whisky* resulta de la mezcla de whisky de malta y whisky de cereales.
— La denominación *single malt* se aplica a los whiskies de malta elaborados en una sola destilería.

MYSON

Para una persona

1,5 CL DE ZUMO DE NARANJA
2 CL DE BÉNÉDICTINE
0,5 CL DE AMARETTO
3 CL DE BOURBON
¼ DE TERRÓN DE AZÚCAR EMPAPADO EN ANGOSTURA

Se prepara directamente en vaso alto, con hielo.
Se decora con una brocheta formada por media rodaja de limón, media de naranja y dos guindas al marrasquino.

PINK SWEET

Para una persona

1,5 CL DE COINTREAU
4 CL DE WHISKY ESCOCÉS
1,5 CL DE NATA LÍQUIDA

Se prepara en coctelera, con hielo.
Agitar, colar y servir en copa de cóctel.

ETERNO

Para una persona

1,5 CL DE ZUMO DE PIÑA
1,5 CL DE ZUMO DE NARANJA
0,5 CL DE ANISETE
0,5 CL DE LICOR DE CAFÉ
3 CL DE BOURBON

Se prepara en coctelera, con hielo.
Agitar, colar y servir en copa de cóctel.
Se decora con media rodaja de limón acanalada y una brocheta de piña.

PLEASE LOVE ME

Para una persona

0,5 CL DE CAMPARI
1,5 CL DE MARTINI ROJO
1,5 CL DE MARTINI SECO
3,5 CL DE WHISKY ESCOCÉS

Se prepara en vaso mezclador, con hielo.
Remover con la cucharilla y servir en vaso bajo.
Se decora con una rodaja de naranja y dos cerezas.

SOUL KISS

Para una persona

2 GOLPES DE SAINT-RAPHAËL
2 CL DE MARTINI ROJO
4 CL DE BOURBON

Se prepara en coctelera, con hielo.
Agitar, colar y servir en copa de cóctel.

TENTACIÓN

Para una persona

2 CL DE ZUMO DE POMELO
1,5 CL DE LICOR DE PLÁTANO
3,5 CL DE BOURBON

Se prepara en coctelera, con hielo.
Agitar, colar y servir en copa de cóctel escarchada con granadina.
Se decora con una rodaja de limón acanalada.

THE SPY

Para una persona

3,5 CL DE LICOR DE MELOCOTÓN
2 CL DE SOUTHERN COMFORT
1,5 CL DE BOURBON

Se prepara en coctelera, con hielo.
Agitar, colar y servir en copa de cóctel.
Se decora con un gajo de melocotón.

STORMY WEATHER

Para una persona

1 CL DE MARIE BRIZARD
0,5 CL DE ZUMO DE LIMÓN
5 CL DE BOURBON

Se prepara en coctelera, con hielo.
Agitar, colar y servir en copa de cóctel.
Se decora con una corteza de limón verde.

THE KICK

Para una persona

2 CL DE MARTINI ROJO
2 CL DE LICOR DE FRESA
3 CL DE WHISKY ESCOCÉS

Se prepara en vaso mezclador, con hielo.
Remover con la cucharilla y servir en copa de cóctel decorada con una guinda.

VILLAGE

Para una persona

1,5 CL DE LICOR DE WHISKY
1,5 CL DE ZUMO DE PIÑA
0,5 CL DE LIMÓN
3 CL DE WHISKEY CANADIENSE
1 GOLPE DE JARABE DE FRESA

Se prepara en coctelera, con hielo.
Agitar, colar y servir en copa de cóctel.
Se decora con un gajo de piña y una fresa.

WHITE HEATHER

Para una persona

1 CL DE CREMA DE PLÁTANO
1 CL DE CREMA DE CACAO
2 CL DE NATA LÍQUIDA
1 CL DE WHISKY ESCOCÉS

Se prepara en coctelera, con hielo.
Agitar enérgicamente, colar y servir en copa de cóctel espolvoreada con nuez moscada.

CÓCTEL DE WHISKEY

Para una persona

1 GOLPE DE ANGOSTURA
1 GOLPE DE CURAÇAO ROJO
4 CL DE RYE WHISKEY

Se prepara en vaso mezclador, con hielo.
Remover con la cucharilla y servir en copa de cóctel.

CALIENTES

GROG AMERICANO

Para una persona

2 CL DE RON MORENO
2 CUCHARADAS DE AZÚCAR
2 CLAVOS
CANELA EN RAMA
EL ZUMO DE ½ LIMÓN

Se prepara directamente en jarra resistente al calor.
Poner los ingredientes, añadir agua hirviendo y mezclar.

GROG ALSACIANO

Para una persona

2 CL DE RON MORENO
1 CUCHARADA DE AZÚCAR
1 CLAVO
CANELA EN RAMA
EL ZUMO DE ½ LIMÓN
1 CL DE LICOR DE ABETO

Se prepara directamente en jarra resistente al calor.
Poner los ingredientes, añadir agua hirviendo y mezclar.

GOLDEN TEA

Para una persona

2 YEMAS DE HUEVO
3 CUCHARADAS SOPERAS DE AZÚCAR
10 CL DE TÉ NEGRO CARGADO
5 CL DE ARAK
CANELA EN RAMA
10 CL DE NATA LÍQUIDA

Calentar el té, con el arak y la nata, removiendo continuamente. Añadir las yemas batidas con el azúcar.
Se sirve en jarra, decorado con canela en rama.
El arak es un licor muy aromático, originario del Asia Central.

SUNSET TEA

Para una persona

20 CL DE TÉ CALIENTE
1 CL DE RON MORENO
4 CL DE COINTREAU
8 CL DE ZUMO DE NARANJA
2 CLAVOS

Mezclar y calentar a fuego suave, sin dejar de remover. Servir antes de que hierva.
Se decora con dos rodajas de naranja con los clavos pinchados, una espiral de naranja y canela en rama.

GROG

Para una persona

2 CL DE RON MORENO
1 TERRÓN DE AZÚCAR
2 CLAVOS
1 CL DE ZUMO DE LIMÓN
CANELA EN RAMA

Se prepara directamente en jarra resistente al calor.
Mezclar y completar con agua hirviendo.
Se decora con una corteza de limón.

GROG DE SIDRA

Para una persona

10 CL DE SIDRA
5 CL DE RON MORENO

Calentar a fuego suave, hasta que esté a punto de hervir.
Servir en jarra caliente y remover con la cucharilla.
Se decora con un clavo y un palito de canela pinchados en una rodaja de limón.

RHUM-ORANGE GROG

Para una persona

2 CL DE INFUSIÓN DE AZAHAR
3 CL DE RON MORENO
1 CUCHARADA DE AZÚCAR
VAINILLA

Mezclar todo, calentar y servir en jarra.
Se decora con una rodaja de naranja.

PONCHE AL CHOCOLATE

Para una persona

15 CL DE LECHE
2 CUCHARADAS DE CACAO
1 CUCHARADA DE NESCAFÉ
1 CUCHARADA DE AZÚCAR
4 CL DE LICOR DE CAFÉ
NATA MONTADA
CANELA

Calentar a fuego suave y mezclar bien.
Se sirve en jarra, antes de que rompa a hervir, coronado de nata montada y espolvoreado con canela.

BISTOUILLE COFFEE

Para una persona

1 PIZCA DE CANELA
2 CL DE SCHNAPS
CAFÉ

Se prepara directamente en taza de café.
Poner el schnaps y la canela, completar con café caliente y remover.

SOUTH SEA HOT-COFFEE

Para una persona

4 CL DE RON MORENO
1 YEMA DE HUEVO
2 CL DE CREMA DE VAINILLA
4 CL DE CAFÉ MUY CARGADO
AZÚCAR O MIEL
CANELA

Se prepara en coctelera, sin hielo. Calentar los ingredientes, ponerlos en la coctelera, agitar fuerte y servir en vaso alto resistente al calor.

CAFÉ CALYPSO

Para una persona

10 CL DE CAFÉ CALIENTE
2 CL DE AMARETTO
2 CL DE RON MORENO
NATA MONTADA

Calentar los ingredientes a fuego suave, sin que hierva.
Servir muy caliente en taza grande, con azúcar al gusto, y coronar de nata montada.

DIABLO COFFEE

Para una persona

2 CL DE COÑAC
1 CL DE COINTREAU
2 CLAVOS
1 CORTEZA DE NARANJA
1 CORTEZA DE LIMÓN
1 TAZA DE CAFÉ

Calentar los ingredientes a fuego suave, flambear antes de que hierva y completar con el café.

MOKAREX SPECIAL COFFEE

Para una persona

1 CUCHARADA DE AZÚCAR
1 GOLPE DE PASTIS
2 CL DE COÑAC
1 PIZCA DE CANELA
CAFÉ

Se prepara directamente en la taza, completando con café muy caliente.

IRISH COFFEE

Para una persona

2 TERRONES DE AZÚCAR
3 CL DE WHISKY IRLANDÉS
NATA
CAFÉ MUY CARGADO

Poner el azúcar en una copa o jarra resistente al calor; llenarla hasta dos dedos del borde con café caliente y muy cargado. Añadir el whisky, remover y coronar con nata.
Se toma muy caliente, a través de la nata.

Este cóctel es creación de un anónimo barman irlandés; en absoluto se trata de un postre, aunque en ocasiones se presente como tal.
No se sirve en capas ni se flambea, en contra de lo que pretende una creencia tan difundida como errónea.

D.O.M. COFFEE

Para una persona

1 TAZA DE CAFÉ
3 CL DE BÉNÉDICTINE
NATA MONTADA

Se prepara directamente en taza. Poner el licor, añadir el café caliente y coronar con nata.

AFRODISÍACO

Para una persona

1 VASO DE OPORTO TINTO
1 GOLPE DE CURAÇAO NARANJA

Calentar el oporto y el curaçao, y retirar del fuego antes de que rompa a hervir.
Servir en taza de té, con una rodaja de limón y espolvoreado con nuez moscada.

EGG-NOG

Para una persona

1 YEMA DE HUEVO
2 CL DE COINTREAU
3 CL DE RON MORENO
10 CL DE LECHE CALIENTE
1 PIZCA DE CANELA

Se prepara directamente en jarra, o en taza resistente al calor.
Remover rápidamente y añadir una pizca de nuez moscada antes de servir.

HOT BULLSHOT

Para una persona

½ PASTILLA DE CALDO DE CARNE
4 CL DE VODKA
EL ZUMO DE ½ LIMÓN
1 CUCHARADA DE SALSA INGLESA
1 GOLPE DE TABASCO

Se prepara directamente en jarra resistente al calor.
Mezclar todo con una taza de agua hirviendo, remover y servir muy caliente.

APPLE TODDY

Para 6 personas

3 MANZANAS REINETA
15 CL DE COÑAC
7 CL DE CREMA
DE MELOCOTÓN
6 RODAJAS DE LIMÓN
6 CLAVOS
CANELA EN RAMA

Maceración: 3 días

Asar las manzanas, pelarlas cuando estén frías, machacar la pulpa y reservar.

Añadir la crema de melocotón y el coñac, mezclar bien y cubrir con un paño blanco. Dejar en maceración durante tres días.

En el momento de servir, poner dos cucharadas de la mezcla en cada copa y completar con agua caliente.

Las copas se decoran con un clavo pinchado en una rodaja de limón y un poco de canela en rama.

BISHOP CUP

Para 4 personas

15 CL DE OPORTO TINTO
½ PALITO DE CANELA
2 LIMONES
10 CLAVOS
1 VASO DE AGUA
2 GOLPES DE COÑAC
2 O 3 CUCHARADAS
DE AZÚCAR

Poner los limones, uno de ellos con los clavos pinchados, en el horno a fuego medio.

Calentar el agua, la canela y el azúcar hasta que se reduzca a la mitad. Añadir el oporto y calentar a fuego suave, sin dejar de remover.

Antes de que hierva, verter todo en una ponchera y añadir el limón y el coñac. Se sirve muy caliente.

KLABAUTER MAN

Para 2 personas

20 CL DE OPORTO TINTO
10 CL DE ARAK
AZÚCAR CANDE
1 CL DE ZUMO DE LIMÓN VERDE

Calentar a fuego suave el oporto, el arak y el zumo de limón.
Servir antes de que hierva en jarra resistente al calor, con azúcar cande y un poco de canela en rama.

NIGHT CAP

Para 2 personas

30 CL DE CERVEZA
4 CL DE WHISKY
1 CUCHARADA DE CHOCOLATE MOLIDO
2 YEMAS DE HUEVO
3 CUCHARADAS SOPERAS DE AZÚCAR

Batir las yemas con el azúcar
Sin dejar de remover, añadir poco a poco la cerveza, el whisky y el chocolate.
Servir en taza caliente de té, decorado con medio palito de canela y espolvoreado con canela molida.

SKI BUNNY

Para una persona

30 CL DE CERVEZA
2 CL DE RON MORENO
3 YEMAS DE HUEVO
1 PIZCA DE CARDAMOMO
1 PIZCA DE CANELA
JENGIBRE
CANELA EN RAMA

Calentar a fuego suave la cerveza, el ron y las especias.
Batir las yemas y añadir poco a poco la mezcla caliente, removiendo hasta que quede homogéneo.
Servir en jarra resistente al calor, decorada con un palito de canela y una corteza de limón.

LECHE DE GALLINA Nº 2

Para una persona

1 YEMA DE HUEVO
4 CL DE RON AÑEJO
2 CL DE CREMA DE VAINILLA
10 CL DE LECHE CALIENTE
AZÚCAR GLAS

Se prepara directamente en jarra resistente al calor.
Azucarar al gusto, remover y añadir una pizca de nuez moscada antes de servir.

PEPPERMINT PICK-ME-UP

Para una persona

20 CL DE CAFÉ CARGADO
50 G DE NATA
4 CL DE CREMA DE MENTA VERDE
CHANTILLY

Se prepara directamente en jarra.
Remover, cubrir con chantilly y rociar con unas gotas de crema de menta.
Servir inmediatamente.

TOM Y JERRY

Para una persona

1 HUEVO
2 CL DE RON MORENO
1 CL DE COÑAC
1 CUCHARADA DE AZÚCAR
3 PIZCAS DE PIMIENTA
3 PIZCAS DE CANELA
NUEZ MOSCADA

Separar la clara del huevo. Mezclar la yema con el ron, el azúcar y las especias, y añadir la clara, montada a punto de nieve. Escanciar en taza grande y completar con agua hirviendo. Remover y añadir el coñac. Espolvorear con nuez moscada antes de servir.

WINTER WARMER

Para una persona

3 CL DE LECHE
6 CL DE WHISKY
1 YEMA DE HUEVO
2 CUCHARADAS SOPERAS DE AZÚCAR

Batir la yema con el azúcar. Calentar la leche y el whisky, sin que hiervan, y verterlos sobre la yema, removiendo hasta que quede homogéneo. Servir en jarra resistente al calor.

VINO CALIENTE

Para una persona

1 VASO DE BUEN VINO TINO
2 CL DE COÑAC
AZÚCAR
MIEL
1 RODAJA DE LIMÓN
1 CLAVO
CANELA

Hervir y servir inmediatamente, en jarra resistente al calor.

CUPS Y PONCHES

Los cups son tragos cuya base suele ser vino o cava combinados con licores, zumos, azúcar, huevo, etc. Se sirven con hielo y fruta del tiempo.

Se presentan en grandes recipientes, que antiguamente eran de plata y en la actualidad, más modestos, son de vidrio o de cristal.

La sencillez de su preparación, su carácter refrescante y su vistosa presencia los hacen idóneos para fiestas y recepciones.

Para prepararlos no hay más que poner a macerar la mezcla durante varias horas en el frigorífico. Cuando lo pide la receta, se añade vino o cava muy frío en el momento de servir.

Los ponches son cócteles, calientes o fríos, que se preparan a base de licores, zumos de fruta, azúcar, huevo... Los más frecuentes son de coñac o ron.

BRANDY SHRUB

Para 10 personas

5 LIMONES
2 BOTELLAS DE COÑAC
1 BOTELLA DE JEREZ

Maceración: tres días
Poner en una ponchera la corteza de dos limones, el zumo de los cinco y las dos botellas de coñac. Cubrir con un paño blanco y dejar en maceración.
Completar con una botella de amontillado seco, filtrar con un paño blanco y embotellar.

Es un trago ideal para verano.

BANANA CUP

Para 10 personas

1 L DE RON BLANCO
25 CL DE ALMÍBAR
10 PLÁTANOS EN RODAJAS
EL ZUMO DE DOS LIMONES VERDES
½ PIÑA EN DADOS
1 TARRO DE LICHIS

Mezclar todo en una ponchera.
Añadir hielo y remover.
Servir en vaso bajo, con pajita corta y una cucharilla.

OBSERVACIONES

Es preferible que el zumo lo sea de fruta recién exprimida.
El zumo de pomelo da un toque amargo y el de limón de acidez; la naranja, la piña y las frutas llamadas exóticas aportan la nota de dulzor.
La presencia, cada vez mayor, de dicha fruta en el comercio facilita la preparación de cócteles originales y variopintos tragos largos.

BRANDY PUNCH

Para 10 personas

1 BOTELLA DE COÑAC
25 CL DE COINTREAU
20 CL DE RON BLANCO
10 CL DE MARRASQUINO
EL ZUMO DE 15 LIMONES
ALMÍBAR
1 L DE AGUA CON GAS
FRUTA DEL TIEMPO

Poner los ingredientes en una ponchera. Añadir abundante hielo y mezclar bien.
Completar con fruta y agua en el momento de servir.

PONCHE DE CAVA

Para 25 personas

3 PIÑAS MADURAS
6 NARANJAS
4 POMELOS
500 G DE FRESAS
250 G DE AZÚCAR
1 BOTELLA DE COÑAC
½ BOTELLA DE CURAÇAO ROJO
½ BOTELLA DE MARRASQUINO
CAVA

Maceración: dos horas.
Cortar en rodajas las piñas, las naranjas y los pomelos. Ponerlos en una ponchera con los demás ingredientes, remover un poco y dejar en el frigorífico durante dos horas.
Servir en copa alta de cava y completar con cava helado.

CAVA COBBLER

Para 4 personas

6 CL DE CURAÇAO ROJO
4 CL DE APRICOT BRANDY
2 CL DE ZUMO DE LIMÓN
1 BOTELLA DE CAVA

En una ponchera, mezclar los ingredientes con hielo y cinco rodajas de naranja.
Servir en copa alta de cava.

CAVA CUP

Para 15 personas

FRUTA VARIADA
1 COPA DE MARRASQUINO
1 COPA DE CURAÇAO ROJO
1 COPA DE LICOR DE FRESA
1 COPA DE COÑAC
3 BOTELLAS DE CAVA

Poner hielo en una ponchera, acompañado de piña, manzana, naranja y unas guindas. Añadir los ingredientes y mezclar bien.
Servir en copa alta de cava.

CLARET CUP

Para 10 personas

2 CL DE MARRASQUINO
3 CL DE COINTREAU
5 O 6 RODAJAS DE PIÑA
2 BOTELLAS DE VINO BLANCO DE NAVARRA

Poner todos los ingredientes con mucho hielo en una ponchera de unos tres litros y remover suavemente.
Servir en copa de vino.

DR. PHILIPS GRAPEFRUIT CUP

Para 10 personas

1 L DE ZUMO DE POMELO
2 POMELOS
1 BOTELLA DE COÑAC
1 L DE TÓNICA

Poner hielo en una ponchera.
Añadir los pomelos pelados y cortados en rodajas y escanciar el resto de ingredientes.
Mezclar bien y servir en copa de coñac.

FRUGALITY CUP

Para 6 personas

300 G DE FRUTA DEL TIEMPO
30 CL DE ALMÍBAR
1 BOTELLA DE RON BLANCO

Maceración: 10 días.
Pelar la fruta y cortarla en dados.
Ponerla en una ponchera de un litro y añadir el azúcar y el ron.
Mezclar bien, tapar y dejar en maceración.
Servir con hielo en copa redonda.
Se presenta con pajita y cucharilla.

CUP CRILLÓN

Para 4 personas

9 CL DE GRAND MARNIER
9 CL DE COÑAC
6 CL DE LICOR DE FRAMBUESA
FRUTA DEL TIEMPO
1 NARANJA
1 BOTELLA DE CAVA BRUT

Cortar la naranja en rodajas y el resto de la fruta en dados.
Ponerla en una ponchera con hielo, añadir el resto de los ingredientes y mezclar bien.
Servir en copa de cóctel.

FISH-HOUSE CUP

Para 12 personas

EL ZUMO DE 5 LIMONES
½ BOTELLA DE COÑAC
¼ DE BOTELLA DE RON
¼ DE BOTELLA DE CREMA DE MELOCOTÓN
ALMÍBAR

Poner todo en una ponchera.
Añadir almíbar al gusto, dos botellas de agua y hielo.
Mezclar bien y servir en vaso bajo.

LE FRANCOIS ANTILLA´CUP

Para 4 personas

8 CL DE RON MORENO AÑEJO
8 CL DE LICOR DE CAFÉ
EL ZUMO DE MEDIO LIMÓN VERDE
½ L DE ZUMO DE NARANJA

Se prepara en una ponchera grande de barro, con hielo.
Mezclar bien con la cucharilla y servir en vaso alto, con pajita.

PINEAPPLE PUNCH

Para 20 personas

4 PIÑAS MADURAS
500 G DE AZÚCAR
1 BOTELLA DE RON BLANCO
½ BOTELLA DE CURAÇAO ROJO
EL ZUMO DE 4 LIMONES VERDES
4 BOTELLAS DE CAVA BRUT

Reposo: dos horas.
Revolver la piña con el azúcar y dejar en reposo.
Añadir el ron, el curaçao y el zumo de limón. Mezclar y reservar en sitio fresco hasta el momento de servir.
Completar con cava y fruta del tiempo.

PICK-ME-UP PUNCH

Para 6 personas

1 L DE RON MORENO
1 KG DE AZÚCAR DE CAÑA
24 HUEVOS
EL ZUMO DE 24 LIMONES

Maceración: cinco días
Batir los huevos con el zumo y filtrar con un paño. Poner a macerar cubierto con un lienzo húmedo.

Calentar a fuego suave el ron y el azúcar en cinco litros de agua, moviendo hasta que se disuelva el azúcar.
Mezclar todo y embotellar.

RASPBERRY PUNCH

Para 6 personas

250 G DE FRAMBUESAS
250 G DE AZÚCAR MORENO
75 CL DE RON BLANCO

Maceración: mes y medio.
Poner todo en una ponchera de un litro. Mezclar bien y poner a macerar en sitio oscuro. Se sirve en vaso bajo, con hielo.

PONCHE DE RON

Para 10 personas

250 G DE AZÚCAR O DE ALMÍBAR DE CAÑA
½ BOTELLA DE RON MORENO
½ L DE ZUMO DE PIÑA
EL ZUMO DE 3 NARANJAS
EL ZUMO DE 3 LIMONES
½ L DE GINGER ALE

Mezclar el zumo de piña y el azúcar en una ponchera grande. Añadir el zumo de naranja, el de limón y el ron. Remover con la cucharilla y poner una buena cantidad de hielo. Se completa con piña, rodajas de naranja, guindas, fresas y fruta del tiempo.
Añadir ginger ale en el momento de servir.

OBSERVACIONES

El mejor zumo de naranja es el natural. Recuérdese que la cantidad de zumo que se puede extraer varía según la variedad de que se trate. Sea cual sea ésta, es recomendable sumergir previamente las naranjas en agua caliente: así se aumenta el rendimiento.
El zumo de naranja o limón no se conserva más de un día; se debe guardar siempre en el frigorífico.

ROCKY MOUNTAIN PUNCH

Para 20 personas

1 BOTELLA DE RON BLANCO
1 BOTELLA DE MARRASQUINO
5 BOTELLAS DE CAVA
6 LIMONES DE RODAJAS
FRUTA DEL TIEMPO
AZÚCAR CAÑA

Se prepara en ponchera grande, con mucho hielo.
Mezclar bien y completar con cava helado y azúcar.
Remover antes de servir. Se sirve muy frío, en copa baja de cava.

PONCHE TRES ISLOTES

Para 4 personas

25 CL DE RON BLANCO
5 CL DE RON OSCURO
4 CL DE AMARETTO
15 CL DE ZUMO DE LIMÓN
10 CL DE ZUMO DE PIÑA
2 CL DE GRANADINA

Reposo: media hora.
Se prepara en batidora, con hielo picado.
Poner en una ponchera y dejar media hora en el frigorífico.
Se sirve en vaso alto.

PONCHE WYBOROWA

Para 10 personas

35 CL DE VODKA WYBOROWA
½ L DE ZUMO DE NARANJA
½ L DE GINGER ALE
½ L DE AGUA CON GAS

Poner en la ponchera un bloque de hielo y escanciar encima los ingredientes.
Mezclar bien y servir en copa baja de cava.

VELVET CUP

Para 8 personas

2 BOTELLAS DE CERVEZA GUINESS
1 BOTELLA DE CAVA SEMISECO

Mezclar suavemente y añadir hielo.
Servir en copa redonda.

SANGRÍA

Para 10 personas

FRUTA VARIADA
1 NARANJA
1 LIMÓN
NUEZ MOSCADA
CANELA
AZÚCAR O ALMÍBAR
DE CAÑA
2 L DE VINO TINTO O ROSADO
½ BOTELLA DE RON BLANCO
O UNA DE CURAÇAO

Reposo: hora y media.
Cortar la fruta (melocotón, plátano, manzana, etc.) en rodajas o en dados. La naranja y el limón se dejan con piel.
Poner todo en una ponchera con el licor que se haya elegido. Añadir nuez moscada, una cucharada de canela, azúcar al gusto y completar con vino.
Mezclar bien.
Se deja en el frigorífico durante hora y media.

Si se quiere beber bien fría, se pueden poner unos cubitos de hielo antes de servir.

ÍNDICE

A

B

C

D

M

N

O

P